DAS BUCH

Mit dem *Paradies der Bekloppten und Bescheuerten* findet die Trilogie über die bundesrepublikanische Alltagswirklichkeit ihren vorläufigen Abschluß. Noch einmal begibt sich der Autor in die Naßzelle des Wahnsinns, beobachtet die hier ansässigen Warmblüter beim Tischezusammenrücken oder sonntäglichen Ausflug zur Tankstelle. Das *Paradies* ist ein Blick in die Zukunft der Archäologie, hier können Sie schon heute das lesen, was spätere Generationen kopfschüttelnd über uns ausgraben werden. Und wenn Sie selber bisher noch zweifelten, ob Sie dazugehören zu den »Bekloppten und Bescheuerten«, gibt es für Sie den beruhigenden Test am Schluß.

DER AUTOR

Dietmar Wischmeyer verbrachte seine Kindheit gegen Ende des 19. Jahrhunderts auf einem abgelegenen Hochplateau des Wiehengebirges. In den späten Sechzigern des 20. Jahrhunderts tauchte er wieder auf in einem kleinstädtischen Gymnasium, floh von dort in die Einsamkeit der ostwestfälischen Glitzermetropole Bielefeld und erlernte danach das gehirnraubende Handwerk des Witzemachens in Hannover. Heute lebt und arbeitet er als schwerreicher Lire-Millionär und Possenreißer in der niedersächsischen Toscana.

In unserem Hause sind von Dietmar Wischmeyer außerdem erschienen:
Eine Reise durch das Land der Bekloppten und Bescheuerten
Zweite Reise durch das Land der Bekloppten und Bescheuerten
Das Schwarzbuch der Bekloppten und Bescheuerten.

Dietmar Wischmeyers Logbuch

Das Paradies der Bekloppten und Bescheuerten

Ullstein

INHALT

Abschied vom Radio	6	Kunst des Volkes	71
Alles voller Säcke	9	Lehrer	74
Alte Kameraden	12	Nieselregen	77
Angeln	15	Partyspiele	80
Anhänger	18	Pausenklingeln	83
Anrufbeantworter	21	Pinkeln im Sitzen	85
Checken, Boarden, Shutteln	25	Popelfresser and friends	87
Das Jenseits	27	Rückenreiber	90
Der altdeutsche Ehebrocken	30	Schon wieder Lieferanten	93
Deutsche Amtsstube	33	Selbstmontage	95
Die Küche hat schon zu!	35	Sonntag morgens	
Doofmanns Erzählungen	38	in Deutschland	98
Fahrgemeinschaft	41	Supermarkt	101
Festivals	43	Tische zusammenschieben	104
Ficken wird überschätzt	45	Türaufreißer	107
Ficken wird unterschätzt	47	Video mit Anspruch	109
Freizeitstreß	50	Wozu 'ne Million	112
Grillen	53		
Häkeldeckchen	55	Bin ich wirklich bekloppt	
Heiraten	58	und bescheuert? Dreizehn	
Hunde	61	indiskrete Fragen zu Ihren	
InDoor-Koten	63	Lebensgewohnheiten	115
Junge oder Mädchen	66	Auflösung: Wie bekloppt und	
KinderKnast	69	bescheuert bin ich wirklich?	122

WER SICH EIN OHR ABSCHNEIDET, GEWINNT HUNDERT MARK
Abschied vom Radio

Im Radio des ausgehenden Jahrtausends wird die mühsam errungene Kulturstufe der Menschheit täglich 24 Stunden lang negiert. Unbemerkt haben sich verbrecherische Kräfte des Hörfunks bemächtigt und die Königin des Äthers in eine Sickergrube verwandelt. Sogenannte Moderatoren spucken elliptische Satzrümpfe in die Mikrophone, deren Ähnlichkeit mit deutscher Sprache auf purem Zufall beruht. Inhaltlich geht es entweder um Gewinnspiele oder um die Penetrierung eines »Claims«. Damit meinen die Schurken in den Formatradios einen Slogan, der fünfzigmal pro Stunde in die Köpfe der Hörer geprügelt werden muß. *»Der beste Oldie-Mix und die Superhits der 80er und 90er Jahre mit mehr Abwechslung«* ist so ein typischer »Claim«, der allerdings auch durch pausenlose Wiederholung nicht an poetischer Kraft gewinnt. Wenn also das moderne Radio schon nicht mehr zu uns spricht, bleibt ja noch die Musik. Doch auch in der Plattenküche ist Schmalhans Küchenchef. Von mehreren hunderttausend spielbaren Popsongs sucht sich der Formatgestalter die dreihundert langweiligsten aus und nudelt sie durch seine »hot rotation«. Kaum glaubt man eine langweilige Ballade überwunden, quillt dieselbe nölige Lala schon wieder aus dem Lautsprecher. Einzige Bedingung an einen Radiotitel ist dessen über Jahre ausgewiesene Mittelmäßigkeit. Formatradio ist Fast food fürs Ohr: Es schmeckt nicht richtig ekelig, aber eben auch nicht gut. Warum tun Menschen so was, warum gehen sie keinem anständigen Gewerbe nach, machen einen Minibagger-Verleih auf oder füllen Kondomautomaten nach? Weil im Werbeumfeldradio natürlich eine Menge Geld verdient wird. Nicht an der Front, wo die armen Würstchen arbeiten, sondern da, wo die Besitzer die Coupons schneiden. Ist ja an sich auch nix gegen zu sagen: Mäuse machen mit Mittelmaß. Die allermeisten Konsumprodukte heute auf dem Markt sind Schund, warum sollten ausgerechnet Radioprogramme besser sein? Weil es auf diesem Markt kein freies Zutrittsrecht gibt. Da darf nicht jeder einfach seinen Mumpitz in den Äther husten und damit Kohle machen. Radiofrequenzen stehen entweder unter öffentlich-rechtlicher Verwaltung oder werden als Lizenzen vergeben. Über die Vergabe und Kontrolle befinden die Landesmedienanstalten. Die Ergebnisse sind erschütternd: So nimmt der länderübergreifende Konzentrationsprozeß unter den Radiosendern zu, bundesweit hört sich alles gleich an, und die Lizenznehmer tanzen den Kontrollorganen auf der Nase herum. Da wird die Frequenz für eine Jazzwelle vergeben, die sich über Nacht in ein 08/15-Popformat wandelt, und niemand stört sich dran. Da werden Werbung und redaktionelle Beiträge überall frech durchmischt, und niemand greift ein. Von alldem weiß der normale Hörer natürlich nichts, nur eines ahnt auch er: Täglich gibt ihm das Radio zu verstehen, daß er bestenfalls ein gescheiterter Hilfsschüler ist, der sich durch primitive Gewinnspiele ködern läßt und keinen Wert auf intelligente Ansprache legt. Die weltweit operierende Formatmafia hat das Radio in ein Junkmedium verwandelt. Und weil die Radioschaffenden tief im Inneren ahnen, welches Geschäft sie da betreiben, tunen sie ihr banales Wirken mit allerlei Gefasel aus der Marktforschung. Und weil im Radio Herr Kaiser seine neuen Kleider trägt, muß der Angelsachse mit trendigem Vokabular aushelfen: Der Wortbeitrag wird zum »event«, der Programmhinweis zum »preseller«, der Schmierzettel zur »linercard«, und uralte Witze zwischendurch sichern die »Fun-Kompetenz«. Um nun komplett sicherzugehen, daß einem garantiert nichts Neues eingefallen ist, wird jeder Musiktitel, jede Moderationsstimme »getestet«, d. h. einer Zufallshorde als 15-Sekünder um die Ohren gehauen. Und wenn man dann alle getesteten Programmelemente beisammen hat, dürfen sie immer noch nicht ausgestrahlt werden. Wie der Teufel das Weihwasser scheut der Formatradiot das »trockene Wort«. Wenn Sprache droht, wird an- und abgejingelt und im Verlauf monotone Scheppermusik druntergequirlt. Wem das alles nicht längst zu den Ohren wieder rausgekommen ist, der gehört zu den 85 % der Bevölkerung, die sich genau dieses Radio täglich anhören. Das ist die andere Seite der Wahrheit. Schade ist es nur um ein wundervolles, einfaches Medium, das unseren Geist mehr beflügeln könnte als das dumme, teure Fernsehen.

Zehn Dinge, die einen Bekloppten in den Wahnsinn treiben

1. Der Sprit ist schon wieder einen Pfennig teurer geworden.
2. Ein Ausländer drückt eine deutsche Fußgängerampel auf Rot.
3. Freie Behindertenparkplätze
4. Ein verkantetes Fünfmarkstück im Zigarettenautomaten
5. Die Bundesaltölverordnung
6. Die Tanke rückt nachts um drei keine Grillkohle raus.
7. Die Ausstrahlung der Lindenstraße verschiebt sich wegen einer Landtagswahl im Osten.
8. Frauen, die sich an Geschwindigkeitsbegrenzungen halten
9. Deutsche Fußballnationaltrainer – alles Vollidioten
10. Selbstmörder, die den Verkehr behindern

WOHIN DEIN BLICK AUCH IMMER SCHWEIFT
Alles voller Säcke

Was unterscheidet den Menschen eigentlich vom Tier? Abgesehen von Fliegen und Stechmücken jedenfalls, daß er zu häufig vorkommt. Wann bist Du das letzte Mal rückwärts aus einer Parklücke gestoßen, ohne daß irgendein Arsch vorbeifuhr, wann das letzte Mal durch eine Stadt gelaufen, ohne jemandem ausweichen zu müssen? Die Säcke sind echt überall. Du kannst machen, was Du willst: ins Theater oder Stadion gehen, ins Freibad oder auf den Friedhof – überall das gleiche: alles voller Säcke. Man könnte meinen, die Rundumvollversorgung mit TV-Unterhaltung und Gemache im Zwischennetz hielte das Pack in der heimischen Furzwohnung, aber nix da: Ewig lockt der Outdoorspaß. 60 Millionen Säcke latschen oder bügeln ständig irgendwohin: mit dem PKW oder der Bahn, auf Schusters Rappen oder der Bahre. Besonders am sommerlichen Weekend ist Säcke-Großalarm. Da kann die Frittenschmiede nicht entfernt genug sein, um Sack und Kegel in Bewegung zu setzen. Laut Statistik leben 300 Bewohner pro Quadratkilometer in Deutschland, wäre fast noch auszuhalten, wenn die Heinis alle auf ihren Ärschen sitzen blieben. Tun sie aber nicht, jeder Arsch zittert pro Tag im Schnitt seine 20 km ab. Dadurch vergrößert sich die Schüttdichte der Bevölkerung enorm. Es ist wie mit Wasser und Dampf. Der gasförmige Zustand, in dem die Moleküle in gesteigerte Bewegung geraten, nimmt das Zigfache des Volumens ein. In Wahrheit wirbeln also eher 3 000 Heinis pro Tag auf einem Quadratkilometer rum. Da kann man

ja gleich in eine Gnuherde umziehen. Erstaunlich dabei ist, wie wenig Menschen sich die Köppe einschlagen. Jede Wanderratte, die etwas auf sich hält, hätte schon längst eine Amokbeißerei angefangen. Die Säcke trotteln aber wie die komatösen Lemminge zwischen Baumarkt und Freizeitpark herum, ohne sich großflächig abzumurksen. Doch wo bleiben sie mit all der negativen Energie, die sich bei ihnen aufstaut. Zuweilen würgt einer seine Exverlobte mit der Bügelschnur oder sticht auf der nächtlichen Prärie heimlich Pferde tot. Aber reicht das? Kann durch diese kleinen Ausrutscher das emotionale Gleichgewicht von 80 Millionen Säcken wiederhergestellt werden? Wohl kaum! Ein Krieg wäre sicher ein Ventil, ist aber kaum noch finanzierbar. Also fressen die Säcke den Frust in sich rein und verwandeln ihren Brägen in einen Sumpf aus Dummheit und Unfreundlichkeit. Und wenn sie ganz sicher sein wollen, daß sie immer scheiße drauf sind, dann steigern sie die Säckedichte in ihrer alltäglichen Umgebung und muffeln im deutschen Dienstleistungssektor herum. Hier hat der normale Frustsack seinen Humus gefunden, auf dem er wunderbar gedeiht.
Da lob' ich mir doch das Mastschwein, das dem Kollegen den Schwanz abbeißt, oder die Ratte, die gleich kurzen Prozeß macht im Käfig. Das hat jedenfalls noch Stil!

»Wölfe wegwerfen verboten!« Mecklenburg-Vorpommern tut alles, um den grauen Räuber wieder heimisch zu machen.

RATTENGESICHTER REVISITED
Alte Kameraden

Zwischen den Jahren trifft sich gern, was einst zusammen die Schulbank drückte. Ehemalige aller Länder strömen in die Schülerkneipen von dunnemals und erfreuen sich am virtuellen Schwanzmessen. Der 7er BMW wird im rechten Licht geparkt, die Vorzeige-Trulla stolz am Tresen rumgezeigt. Gekommen sind ohnehin nur die, die's irgendwie geschafft haben. Wer auf Aldi seine Kröten macht oder bei Jagoda in der Liste steht, bleibt eh verschämt im Kämmerlein versteckt. Im »Klimperkasten« und im »Holzwurm« stehen die alten Kameraden und schmeißen mit ollen Kamellen um sich: Wie Sportlehrer Lemke mal auf dem Mattenwagen zwei Schutzbefohlene von hinten nahm und plötzlich Rektor Pfeiffer ... bruharhar, ja, damals ging das noch, schön war die Zeit. Oder als die Oberprima Frollein Grünewald, der alten Trockenpflaume, den toten Frosch ins Dekolleté ... haben wir gelacht. So reiht sich ein Anekdötchen an das andere und macht vergessen, welche Marter doch der Aufenthalt an der Lehranstalt in Wirklichkeit gewesen ist. Eine fröhliche Schar Wißbegieriger wird da inszeniert, wo eigentlich ein Häuflein Verschreckter zwischen Chlor- und Fußgeruch die Jugend verplemperte. Doch tief im Innern ahnen es auch die, welche am lautesten über die abgestandenen Pennälerscherze geifern. Denn zu einem richtigen Schülertreffen gehört die triumphale Vorführung eines ehemaligen Studienrats. Als dieser noch im Saft des Lebens stand, bleute er Periodensystem und Kurvendiskussion in verhuschte Kinderköpfe.

Heute ist der einstige Schleifer der 10b ein vergreistes Männlein, dem der Doktor einen Ausgang an die Seite verlegt hat. Im Saft des Lebens steht nun die 10b und schaut vergnügt auf den klapprigen Pädagogen, für den es nur noch eine Kurve gibt zum Diskutieren – nämlich die, die er bald kratzt. Nichts ist vergnüglicher, als die Folterknechte von früher in körperlichem Verfall wiederzusehen. Hat man sich genug daran ergötzt, bleibt der scheue Blick in die Runde: Wo ist Jutta, der man als Pubertätsschwengel vergeblich scheue Zettel zusteckte? – Nein, nicht die verquollene Geburtshelferkröte mit dem Glatzenkönig an der Seite. Und doch, sie ist es, und Ekel weicht der Erleichterung, daß dieser Lurch an einem vorüberging. Ungern streift das Auge jene, die bei tadelloser körperlicher Verfassung auch noch Porscheschlüssel wie beiläufig aufs Thekenbrett deponieren. Aber wer weiß, so meldet sich der Trost alsbald: Womöglich sind sie unheilbar krank. Im Vorteil sind beim virtuellen Schwanzvergleich immer die, die nach der Schule dem Heimatmief den Rücken kehrten. Unüberprüfbar können sie von fernen Latifundien schwadronieren, während die Daheimgebliebenen zugeben müssen, daß es nur zum Unteroffizier bei der Sparkasse gereicht hat. So parliert man noch gar manche Stund im Dunst des Alkohols und verspricht, einander in zwanzig Jahren an selber Stelle erneut zu treffen. Dann heißt das Spiel der alten Kameraden: Wer zuerst tot ist, hat verloren.

Campingplatz »Blauer See« an der Autobahnausfahrt Garbsen. Ein scharfes Wochenende ohne Frauen stand auf dem Plan. Unausgesprochen hoffte wohl auch jeder der drei, daß in der lasziven Atmosphäre des Campinggeländes »was zu löten« wäre. Jetzt regnet es die ganze Zeit, die Männer sind traurig.

PAPA HÄLT DIE LUNTE REIN
Angeln

Auch zum Beispiel ein sehr schöner Sport ist das Angeln. Dazu braucht man nicht viel. Zuerst einmal ein Mofa mit Anhänger. Da setzt man sich drauf und eiert im Regen zur gefluteten Kiesgrube, die der Verein »Pertriheil 04« von der Stadt gepachtet hat. Damit keine asiatischen Steppenvölker in das Angelrevier eindringen, ist es mit sichelzahnigem Natodraht eingefriedet. Überall hängen Schilder mit Todesdrohungen an vorüberflanierende Spaziergänger. Am Teichgelände angekommen, entfaltet der Petrijünger als erstes einen zwölf Quadratmeter großen Schirm und pflanzt sich breitärschig auf einen Hocker mit irre vielen Schubladen. Nachdem er sein Dutzend Fiberglasknüppel zusammengeschraubt hat, bestückt er daran jeden Haken mit einer verfaulten Made, die er aus einer der achtzig Taschen seiner Spezial-Überlebensweste fingert. Keine drei Meter von unserem Fisch-Terminator hockt schon der nächste. Die beiden werden in den kommenden acht Stunden kein Wort miteinander wechseln, um den scheuen Schuppenfredi in den Fluten nicht zu verschrecken. Im Kiesteich wimmelt es von quirliger Angelbiomasse. Jedes Jahr kauft der Verein einen LKW voll doofer Fisch-Teenies und kippt sie in die Brühe. Wenn sie dann mit speziellem Spezialfutter zur Schlachtreife gemästet sind, kommen die Zombies mit den Mofas und prokeln sie wieder aus dem Wasser. Natürlich wäre es einfacher, eine Stange Dynamit in den Teich zu schmeißen. Das macht aber keinen Spaß, weil sich die Fischlein dabei nicht so quälen müssen. Stell Dir vor, Dir hält jemand ein Snickers vor die Nase, und wenn Du reinbeißt, schlitzt Dir ein Metallhaken die Fresse auf, jemand reißt Dich an Deiner Backe zehn Meter durch die Luft und haut mit Deinem Kopf so lange auf einen Stein, bis Du ohnmächtig wirst. Dann wanderst Du in einen Plastikeimer, wo schon andere Bewußtlose mit blutenden Fressen nach Luft schnappen. Eine richtige Scheißnummer, würd' ich sagen, die das Anglergesocks da abzieht. Wenn sie mit den Fischen jedenfalls ihre Lieben ernähren würden. Doch meistens schmeißen sie die Backenbluter wieder in die Kiesgrube, wenn sie gewogen sind und der Gewinner beim Wettangeln feststeht. Warum machen nun erwachsene Menschen so einen Scheiß? Erst mal sind das alles Männer, die auf diese Weise vor ihrem häuslichen Terror-Zweibeiner fliehen. Gut, sie könnten sich natürlich auch vor Aldi treffen und Bierdosen in sich entleeren. Doch das Angeln bietet zusätzlich die symbolische Rache am Weib an sich, das sie schon seit Jahren nicht rüberläßt. Ein ganzer Teich voller Muschis, der man seinen stählernen Haken reinjagen kann. Harharhar! So soll's doch sein. Da stellt sich dem Angelbruder im Schritt die Rute auf, wenn er's den Meerjungfern wieder mal gezeigt hat. Quietschvergnügt klemmt er sich die Mofa in die Kimme und eiert mit Würmern und Maden nach Hause zur Mama. Petriheil, Ihr Bekloppten!

Veguwart Räätislav ist Leiter des estnischen Geheimdienstes in Bad Harzburg. Aus Tarnungsgründen läßt er sich von seinem Chauffeur in einem deutschen Gespann herumfahren.

FREUNDE, DIE ECHT WAS WEGZIEH'N
Anhänger

Er war der Vorreiter: Vor 2000 Jahren schon zog Jesus mit seinen Anhängern durch Palästina. Heute stehen die Dinger für 600 Kracher vor jedem Baumarkt. Der Anhänger ist des Bekloppten treuester Freund geworden. Auf den Expeditionen in die unendlichen Weiten des Baustoffhandels folgt das geduldige Saumtier stets in der Spur des Passat Kombi. Gilt es, einen Meter Sand zu fassen, oder ist in der Küche der Zement schon wieder alle: der einachsige Freund trägt's heim auf die Parzelle. Ist der Deutsche zwischendurch auch noch mal solo unterwegs, so kommt der Pole schon mit Anhängerkupplung auf die Welt. Stets darauf gefaßt, knappe Ware am Wegesrand zu ergattern, schleicht er mit der High-Speed-Schubkarre westwärts. Der ganze verkrachte Sozialismus löste sein Logistikproblem im wesentlichen durch den Halbtonner hinterm Zweitakter. In direkter Weiterentwicklung des Eselskarren war er die Abstauberkiste der kleinen Leute. Im Westen erlebte der Anhänger seine Renaissance mit dem Heimwerkerwahn. Seitdem der Behämmerte am Feierabend nicht nur Streichhölzer zusammenklebt oder mit der Laubsäge hantiert, muß richtig Material bewegt werden. Schon heute transportieren private PKW hundertmal soviel Güter wie die Cargo-Abteilung der Bahn. Mal eben acht Drehkippfenster in die Dachhaut nageln, die Einfahrt betonieren oder günstig Mutterboden besorgen: Ohne Anhänger läuft gar nix mehr. Das Teil ist nicht nur ausgesprochen praktisch, es gibt einem auch das Gefühl, dazuzugehören.

»Hey«, sagen die Leute, wenn jemand mit PKW und Anhänger vorbeifährt, »der Typ zieht was weg.« Und hat man sich erst mal an den Schüttguttransporter hinterm Auto gewöhnt, folgen bald andere Anhänger dem ersten: Freizeithänger für Motorräder, Surfbretter, Kanus, Segelboote, Wohnanhänger für den Urlaub, Grüne Minnas für den Schäferhund oder Husky, Viehwagen für den Aufkleber »Achtung Turnierpferde«. Anhänger regieren das ganze Leben. Pferdebesitzer reiten nicht mehr, Motorradfahrer fahren nicht mehr Motorrad – sie alle transportieren den Kram nur noch durch die Gegend. Frachtgutbeförderung ist des Deutschen liebstes Hobby geworden. Dampfwalzensammler schleppen auf Tiefladern ihre 18 Tonnen Walze von einem Dampfwalzensammlertreffen zum nächsten. Das Freizeitverhalten ist die direkte Abbildung des Alltags: Je mehr Güter auf der Straße verschoben werden, desto mehr Krempel und Getier wird auch am Wochenende verladen. Ich bin gespannt, wie lange es noch dauert, bis der Freizeitmensch den Container-Verkehr für sich entdeckt. Daneben gibt es aber auch LKW-Fahrer, die sich nach 60 Stunden auf dem Bock endlich ihrem Hobby widmen: weiter LKW fahren, diesmal zum Spaß. Der Passat-Besitzer mit dem ungebremsten Halbtonner allerdings träumt sich mit dem Anhänger in seine Kindheit zurück, da hat er auch am liebsten Sand hin- und hergefahren.

Die zehn häufigsten Todesursachen der Bekloppten

1. Kaputt gegangen
2. Verstand versoffen
3. Noch mal aufgemacht, gleich wieder zugemacht
4. Körper wollte nich mehr.
5. Hatte das Alter.
6. War besser so für alle.
7. Zu spät gefunden
8. Total zerquetscht
9. Von innen zerfressen
10. Wollte nich mehr leben.

»Die Schlampe will ich nicht, wie oft soll ich das noch sagen, du Dreck!« Schlagersänger Slobodan Popoviki ist stinksauer, seit drei Tagen bringt ihm sein Manager dasselbe picklige Groupie in die Garderobe.

ALIENS AUF DEM SPEICHERCHIP
Anrufbeantworter

Das Sozialverhalten vieler Menschen ähnelt immer mehr einem intensiven Betteln um Schläge. Geduldiger Präsentierteller der Bekloppten und Bescheuerten sind die unschuldigen Anrufbeantworter dieser Welt.
– *Hi, hier ist die Heike, kannste mich mal zurückrufen?*
Wer ist Heike, wenn ja, welche Nummer hat sie, und warum sollte ich sie anrufen, ich will ja schließlich nichts von ihr. Und wenn man es dreimal hintereinander auf dem Anrufbeantworter buchstabiert und in allen gängigen Amtssprachen der zivilisierten Welt runterrasselt, daß man auf dem Gerät bitte eine NACHRICHT hinterlassen möge und nicht einen unverschämten Rückruf-Stellungsbefehl – es nützt nichts: Genosse Blödian versifft weiterhin mit seinem Gesabbel den Speicherchip.
– *chhhrrrrrrrrrrr. Hallo, ey, geh ran. Hallo, hallo, geh mal an dein scheiß Telephon. chrrrrrrrrrrrrrrrrr ey, chrrrrrrrrrrrrrrrrr.*
Die Unsinnigkeit dieser hinterlassenen Botschaft kann man in ihrer ganzen Dimension erst ermessen, wenn man sich vorstellt, einen Brief zu öffnen mit dem Inhalt: »Hallo, hallo, schreib mir mal, hallo, hallo, nimm mal deinen scheiß Kuli in die Hand.« Anscheinend nötigt die schriftliche Kontaktaufnahme dem Bekloppten noch soviel Respekt ab, daß es zu solchen Briefen nicht kommt. Beim Telephon ist man da ungenierter:
– *ChrrrrrrrrrrrrrrrrrrrrrrrrrrrrrrrrrrrrrrrBlödes Arschloch!*
Hätt' er das nicht gleich sagen können, muß ich mir erst zwei Minuten Bronchial-Gemache und -Getue reinziehen, um die finale Bewertungsnote meiner Person zu registrieren? Zudem: Wem

habe ich diese messerscharfe Charakteranalyse zu verdanken?
– *Hier is noch mal Heike, warum rufst Du eigentlich nicht zurück? Is irgendwas mit mir?*
Ja, wer weiß, vielleicht hast Du zwei Köppe! Ich kenn' eben immer noch keine Heike. Aber durch die einfache Hinterlassung einer Rufnummer könnte sich das ja ändern. – Ich wühle mich weiter durch die kommunikativen Kothaufen, die sich auf meinem Band angesammelt haben. Natürlich ist auch wieder ein Lungenkranker dabei, der drei Minuten Atemgeräusche auf meinem AB endlagert. Lieblingsbeschäftigung aller Schwindsüchtigen dieser Republik scheint es zu sein, mit ihrem rasselnden Brodem fremden Menschen fernmündlich Angst einzujagen. Den zwölften Anruf habe ich jetzt schon abgehört, und noch nicht einer ist dabei, der tatsächlich Nachrichtenwert gehabt hätte. Wobei der Mitteilungsdrang nicht gleichzusetzen ist mit übermittelter Information. Nummer 13:
– *Hallöchen, hier ist der Rudi. Nö, du, ich wollt' nur mal hören, wie's dir geht. Na ja, okay, öhhhhhh, ruf' ich später vielleicht noch mal an, oder ... ach, was weiß ich, öhmm, eigentlich wollt' ich dir auch nur, öhhhm, sagen, mit wem ich deine Freundin gestern abend gesehen hab', öhhhhhh, aber, na ja, du öhmmmm, kannst dich ja mal melden, öhmmmmm, ich bin jetzt erst mal für vier Jahre in Urlaub, okay. Bis dann!!*
Nur ein Name wäre die Information gewesen, die mich interessiert hätte, den ganzen Rest hätte sich Rudi sonstwohin schieben können. – Das Display weißt noch einen Laberschiß auf, dann ist Schluß.
– *Hi, ey sach mal Du, Du hast doch sicher die neue Nummer von Heike, ruf mich doch mal an.*
Wer bin ich eigentlich, mir reicht's!

**Die zehn beklopptesten Heldengeschichten,
die jeder Bescheuerte dauernd erzählt**

1. Wie der Chef nicht weiterwußte und er ihm das mal eben erklärt hat.
2. Daß er beinahe sechs Richtige gehabt hätte bis auf vier Zahlen.
3. Daß er knapp dem Tode entronnen is: Da, wo gestern das Flugzeug abgestürzt is, wäre er vor drei Jahren auch schon mal gewesen – oder vielmehr ein Cousin.
4. Daß ihn dauernd Leute ansprechen würden, ob er nich seinen Wagen verkaufen wollte – zu jedem Preis.
5. Daß er da wohnt, wo andere Urlaub machen.
6. Wie er durch phänomenale Ortskenntnisse wieder mal einen Stau umfahren hat.
7. Wie er ohne zu pissen nach Lloret de Mar in eins durchgefahren ist.
8. Daß er – wenn's drauf ankommt – fünf Schnitzel hintereinander fressen kann.
9. Daß er nie zum Arzt geht.
10. Wie ihn das ankotzt, wenn andere besoffen Auto fahren, solche, die das nicht so im Griff haben wie er.

Kam irgendwie doch nicht so gut an, die Idee vom Ersten Offizier. Stoisch verbrachten die Rentner die ganze Überfahrt weiterhin im Zwischendeck bei einer Tasse Kaffee und einem Stück Marmorkuchen (im Preis inbegriffen).

VORBILD VIEHTRANSPORT
Checken, Boarden, Shutteln

Der Mensch der Moderne ist nicht Mann noch Frau, nicht Liebhaber oder Geliebte, sondern in erster Linie Passagier. Nichts bestimmt seinen Alltag so sehr wie die Rolle des Fahrgastes – wie man menschliches Stückgut früher noch nannte. Und die wesentlichen Erfahrungen in dieser Rolle sind nicht die des Transportes, sondern die des Transportnebengeschehens: Überall wird gecheckt, geboardet und geshuttelt. Angefangen hat diese Sitte aus der Tradition des Viehtransportes wo sonst als in der touristischen Passagierfliegerei. Obwohl weit im Vorfeld schon mit einer Fahrkarte ausgestattet, muß man zwei Stunden vor Abflugzeit selbige noch mal »checken« lassen. Sicher, warum nicht, wir haben auch sonst nix zu tun, als uns in Abfertigungsterminals Socken zu kaufen oder Blödenmusik anzuhören. Fein, nun haben also auch der »Carrier« und seine Bodentruppen gecheckt, daß wir tatsächlich im Besitz eines gültigen Flugausweises sind. Uns wird ein Platz in der Sardinenbüchse zugewiesen, und weil wir so blöd sind, steht er auf einem Zettel mit Abrißperforierung. Eine Platzreservierung hätte man natürlich schon beim Kauf der Karte vornehmen können – das schafft ja selbst die Bahn –, aber nein, da »checken« wir doch lieber als Airline-Arschloch und freuen uns am Schlangestehen anderer Menschen. Was jetzt? Freizeit, bis die Mühle abhebt? Mitnichten! Nun geht's ans »Boarden«. Damit ist natürlich nicht das An-Bord-Gehen gemeint, sondern das Einpferchen der Fluggäste in nach Zielen geordneten Räumen.

Tolle Sache! Das einzige, was hier passiert, ist das Kaputtreißen des Zettels, den's beim »Checken« gab. Durch die Glasscheiben des »Boarding-Rooms« sehen wir immerhin schon das Flugzeug, das zehn Meter entfernt auf »Boarding-Position« steht. Sieh an, is ja nich weit, da geht's also gleich rein. Ätsch! Erst wird noch geshuttelt. Wieder raus aus dem Boarding-Room, rein in den Shuttle-Bus, und es beginnt das lustige Rumgeshuttle auf dem Flugfeld, weil der scheiß fette Bus natürlich nicht die zehn Meter bis zur Maschine auf direktem Wege überbrücken kann. Er hält nach fünfzehn Minuten Shuttelei auch gar nicht am Flugzeug, sondern an einer Art Großmülltonne mit Tür. Da latscht man rein und wird durch eine lichtlose Rampe über mehrere Knicke endlich ins Innere des Fliegers geleitet. Was für eine gigantische Scheiße. Aber weil Rumfliegen so hip ist, wird jetzt immer mehr und überall gecheckt, geboardet und geshuttelt. Die unmittelbare Benutzung eines öffentlichen Verkehrsmittels ist passé. Das einzige wirklich menschenfreundliche Transportgerät war und ist zum Teil noch der Londoner Doppeldeckerbus: Man springt während der Fahrt auf, zahlt beim Schaffner und springt irgendwann wieder ab. Nix mit checken, boarden und shutteln, bis der Arsch verschimmelt. Gut, es ist gefährlich, und es sollen auch wohl einige dabei den Biß ins Gras gemacht haben. Aber, gaben sie nicht ihr Leben für eine gute Sache? Noch ein letztes Mal genossen sie die Freiheit, bevor bei Petrus droben oder beim Pferdefüßigen drunten wieder gecheckt, geboardet und geshuttelt wird.

MALLORCA FÜR DIE SEELE
Das Jenseits

Gibt es ein Jenseits? Diese Frage muß eindeutig mit »JA« beantwortet werden. Viele Menschen leben schon heute dort, z. B. der Papst und sein legaler Arm, die katholische Kirche. Dieses Jenseits ist der Ort größtmöglicher Irrelevanz eigenen Tuns und Verlautbarens.
– Ist die Jungfrauengeburt eine angesagte Fortpflanzungsmethode? Sicherlich eine interessante Frage angesichts von über sechs Milliarden auf konventionellem Wege zustande gekommenen Menschen auf dieser Erde.
– Sollte man einen Nazi-Kollaborateur heiligsprechen? »Is 'ne heiße Kiste, würd' ich mal sagen, nachher klopft noch Atze selber bei Petrus an.«
– Ist es richtig, nach sechshundert Jahren einen heimtückisch vom Papst ermordeten Gelehrten zu rehabilitieren? Okay, für die Gerechtigkeit ist es nie zu spät, aber warum dann nicht noch zwanzigtausend Jahre warten.
Seit Jahrzehnten sprengen sich Katholiken und Protestanten in Nordirland gegenseitig in die Luft, aber ist es nicht viel wichtiger, darüber nachzudenken, ob der Evangele am papistischen Abendmahl teilnehmen darf? Denn sonst kneift er womöglich noch ungesalbt das Arschloch zu. Das Jenseits ist mitten unter uns, und ganz hart trifft es diejenige, die z. B. in Bayern ungewollt schwanger ist. Da kann sie sich dann in die katholische Ratlosigkeit hineinberaten lassen und selber sehen, wie sie zurechtkommt. Währenddessen denkt die deutsche Jesus-

Rentnerkonferenz darüber nach, ob der Oberrentner in Rom eigentlich unfehlbar ist oder nicht. Ja, logisch, Unfehlbarkeit ist ja quasi eine der menschlichsten Eigenschaften überhaupt, und der Kleiderständer im Vatikan ist doch ein Mensch. Oder ist er das Goldene Kalb Wojtila, der letzte Götze der Menschheit, nachdem Stalin tot ist und sogar die Spice-Girls immer menschlichere Züge annehmen? Auch eine interessante Frage zum Heiligen Jahr, die die Leute aus dem real existierenden Jenseits beschäftigt, lautet: Wie schaut's denn aus mit dem Missionsbefehl in heutiger Zeit? Wir erinnern uns: Matthäus 28, Vers 18 ff.: »Lehret alle Völker«. Dazu meint Seine Durchgeknallt, der Stellvertreter auf dem Stuhl Petri: Jawollja, das sei schweineaktuell, und gerade in Asien z. B. sollte man jetzt mal hurtig wieder ans Bekehren gehen. Kann man nur hoffen, daß die Burschen in der Methodendiskussion mittlerweile weiter sind als damals in Südamerika. Egal, was getan werden muß, muß getan werden. Wie und warum, das ficht den Mann aus der ethischen Kreidezeit nicht an. Und genau wie bei seinen Kollegen, den Sauriern, kann wohl nur ein anständiger Meteoriteneinschlag sein Verweilen im irdischen Jammertal beschneiden. Im Zweifel hat der alte Zebaoth den Klumpen dann selbst geschmissen, weil er einfach die Faxen dicke hatte.

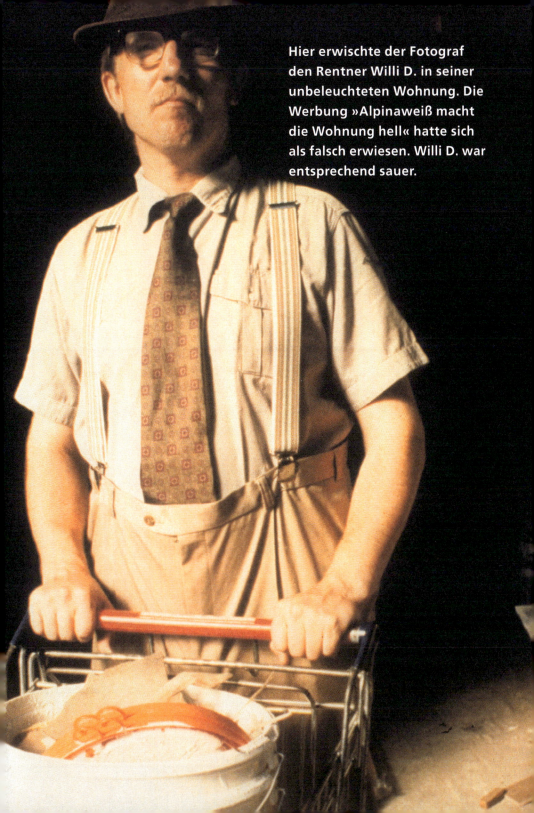

Hier erwischte der Fotograf den Rentner Willi D. in seiner unbeleuchteten Wohnung. Die Werbung »Alpinaweiß macht die Wohnung hell« hatte sich als falsch erwiesen. Willi D. war entsprechend sauer.

DIE FRAU ALS HAUSTIER
Der altdeutsche Ehebrocken

Eine käsige Made, so groß und fett wie zwei Mastschweine, sitzt auf einem Plastikhocker und hobelt sich die Hühneraugen mit dem Küchenmesser weg. Sieht so der Idealtypus einer Ehefrau aus? Entrüstet würden alle Männer dies verneinen. Und doch kauert nämlicher Brocken irgendwann bei den meisten in der Dreizimmerwohnung und bildet damit das solide Fundament deutscher Ehegemütlichkeit. Bedauerlicherweise geht heute der Trend weg vom treuen Kaltblüter hin zur zickigen Araberstute. Geködert von erotischem Blendwerk, leistet sich der moderne Mann bei der Wahl seiner Gefährtin eklatante Fehlgriffe, die folgerichtig in kostspielige Trennungsszenarien münden. Lockt zu Anfang die Beistellung sexueller Dienstleistung, so bleibt nach deren alsbaldigen Versiegen in der Ehe nur noch ein verbiestertes Nörgelweib, deren Bekanntschaft sich einfach nicht mehr rechnet. Ganz anders amortisiert sich da der altdeutsche Ehebrocken. In Jahrhunderten konsequenter Auslese hat sich ein Mehrnutzungstyp herausgemendelt, der über die ganze Ehedauer eine beständige Grundversorgung sichert. Selbst wenn auch hier mit den Jahren die Kopulationsbereitschaft erlischt, so macht das nichts, da der damit aufs Engste verbundene Auslösereiz schon vorher verschwand. Geblieben aber ist ein belastbarer Voltigier-Gaul, an dem man noch Jahrzehnte seine Freude haben kann. In der Regel schmeißt er perfekt den Haushalt, hält einem – wenn vorhanden – die ätzenden Rangen vom Leib und pflegt auch noch die eigenen bettlägerigen Eltern. Den abstrusen Hobbys des Ehemannes steht der altdeutsche Ehebrocken neutral bis wohlwollend gegenüber, und wenn die Kameraden vom Modellbahner-Club vorbeischauen, wird ohne Murren gegrillt. Männliche Erotomanen mögen die zunehmende geschlechtliche Neutralisierung ihres Ehekampfschweines bedauern, der weise Genießer sieht darin ein natürliches Bollwerk gegen Abwanderungstendenzen in Richtung Selbstfindung, italienischem Pizzabäcker oder sonstigen Trennungsgründen. Zudem läßt sich im Schatten des Brockens auch die eigene Plautze ohne stete Anfeindungen bis zu beachtlicher Größe züchten. Irdischen Elementarfreuden wie dem übermäßigen Biergenuß oder dem vierten Nackensteak in Folge muß man sich nicht verschließen, wenn sich auf der anderen Seite des Ehebettes nicht das Model lasziv räkelt, sondert nur der Brocken schnarcht. Die Königsdisziplin der altdeutschen Zweisamkeit ist die Handwerker-Ehe. Hier übernimmt der Brocken noch weitere, lebenswichtige Zusatzaufgaben: Er führt die Buchhaltung, regelt den Telephondienst mit der Kundschaft und bringt auch schon mal einen vergessenen Sack Zement zur Baustelle. Nach der Arbeit gibt's Schnitzel, und die Bude ist immer picobello in Schuß. So gesehen, müßten diese Männer die glücklichsten Menschen der Welt sein. Doch irgendwann kommen sie früher in der Nacht von der Schwarzarbeit zurück, und eine käsige Made, so groß und fett wie zwei Mastschweine, hobelt sich vor dem Fernseher die Hühneraugen weg. Und dann denken sie: Das kann doch nicht alles gewesen sein.

Hartmut Ndibangu konnte wieder lachen. Seine Nummer als geteerter und gefederter Neger kam in der Rostocker Innenstadt sehr gut an.

DAS REICH DES HOMO PULLUNDRIS
Deutsche Amtsstube

Stumpfer Lenolbelag, sanduhrförmiger Eternitaschenbecher, staubige Sansiverien in Seramis-Granulat; herumliegende Zeitschriften, herausgegeben von der betrieblichen Unfallkasse, Möbel vom Sperrmüll, und dazwischen schleichen – ich sag' mal – Menschen herum, die so aussehen, als wollten sie gerade zum Kacken gehen oder kämen von dort. Heißa, wo sind wir? Richtig, auf einem deutschen Amtsflur. Wenn es den größtmöglichen Gegensatz zum Karneval in Rio gibt, dann z. B. hier auf der KFZ-Zulassungsstelle eines x-beliebigen Landkreises. Dauernd denkt man, der Tod müsse eine Erlösung sein für die wechselwarmen Reptilien, die pollundrig übers Lenol schlurfen. Warum müssen sie hier arbeiten? Sind das alles Sexualstraftäter auf Bewährung, oder was hat sie in diese extrem lebensunfrohe Umgebung verschlagen? Und wo kann man diese häßlichen Klamotten kaufen, seitdem es die DDR und »Billig-Billig-Metzen« nicht mehr gibt: beigefarbene Jersey-Stretchhosen, kotzgrüne Maschinenstrickpullover mit gelb umsäumtem V-Ausschnitt, Bundfalten-Bollerarsch-Jeans – wo gibt es so was noch? Manchmal blinkt ein Nummernkasten an der Wand, und man darf in einen der Verschläge einrücken, wenn man den dazu passenden Zettel rechtzeitig gezogen hat. Kieferndekor-Plastikschreibtisch, dreitausend Ansichtskarten an der Wand, rattig abgewetzter Drehsessel und, o Wunder, ein Computer, der mit Happy Hippos übersät ist wie ein Straßenköter mit Flöhen. Dahinter hockt eine sogenannte Verwaltungsfachkraft, die man irgendwo beim Aufräumen im Keller gefunden hat. Ist sie männlich, steht auf ihrem Tisch ein Steingutbecher mit Titten dran, ist sie weiblich, ein angefressener Magermilch-Joghurt. Erstaunlich, wieviel Büromöbel man auf vier Quadratmeter unterbringen kann. Statussymbol allen Amtsschaffens ist das Ordnerkarussell oder noch besser diese Art Gefriertruhe mit rotierenden Hängeregistern. Da wühlt die Amtsperson nach sogenannten Vorgängen. Kein Computer wird jemals die Akte verdrängen, denn mit ihrem Staub bleicht der Behördenhomo seinen falen Teint. Wir haben unterdessen auf dem Besucherstuhl Platz gefunden, einem aus Vierkantrohr und orangenem Sackleinen komponierten Zweckmöbel. Selbiges findet exakt Raum in der Aussparung zwischen Schreibtisch und Ablagebock – unsere Beine leider nicht mehr. Minutenlang brütet das Lebewesen gegenüber in den von uns mitgebrachten Papieren, um endlich einen Befund zu äußern: »Und wo ist die Unbedenklichkeitsbescheinigung des unteren Wasserbeschaffungsverbandes?« An alles haben wir gedacht, den Ariernachweis der Oma, das Impfzeugnis des Zwergteckels, ja sogar an den Wehrpaß des Wellensittichs – ja, heissa, aber die UbBduWbV 2/7, die haben wir dummerweise vergessen. »Tumirleid«, orakelt das bleiche Lebewesen, »müssensenomawiedakomm.« Sicher, warum nicht, kostet ja auch bloß einen Urlaubstag, so 'n witziger Behördengang, da schauen wir doch gerne noch mal rein in den Primatenzoo der Acryl-Pollundristen. Unterdessen erquicken wir uns draußen am Getränkeautomaten bei Limonaden, die es sonst nirgendwo auf der Welt noch gibt: Mirinda, Rocky-Cola oder den Sunkist-Saftpyramiden.

WORTE, DIE MAN NIE VERGISST
Die Küche hat schon zu!

Zwei Sätze sind's, die eine deutsche Gaststätte zum Eldorado des masochistischen Feinschmeckers werden lassen: »Die Küche ist schon zu«, oder eine halbe Stunde vorher: »Die Küche hat noch nicht geöffnet«. Wobei mit dem ambitionierten Begriff »Küche« im wesentlichen die versiffte Mikrowelle gemeint ist, in die der Zwischenwirt seine Tiefkühlklumpen reinschmeißt. Aus unerfindlichen Gründen decken sich die Öffnungszeiten der Kneipe nie mit denen der Aufwärmstube. Geht's an der Theke los um 18 Uhr, braucht der Klötenkoch im Hinterzimmer noch eine geschlagene Stunde, um seinen Fraß startklar zu machen. Was treibt er da die ganze Zeit? Werden die Suflakispieße aromafördernd im eigenen Schritt angetaut, muß erst die Friteuse aus der Pfandleihe geholt werden? Kaum hat dann die Freßgier des Publikums um 22 Uhr ihren Höhepunkt erreicht, zack, ist die Fettklitsche wieder zu. Nun, damit könnte man leben, würde draußen an der Tür um diese Zeit ein Schild aufgehängt: »Achtung, Küche hat schon zu«. Haha, so einfach ist das aber nicht im Land der Bekloppten. Ergießt sich ein hungriger Mob nach Ende der Kinovorstellung etwa um 22.30 Uhr in Furzis Pizza Pinte, so hat der Sadowirt extra die Speisenkarten auf allen Tischen liegen lassen, um bei den Pawlowschen Gästen den Speichelfluß anzukurbeln. Ganz abgewichste Szenekrüger lassen die armen Schweine sogar ein Gericht auswählen, notieren »Zweimal Haxe Hawai, einmal Pizza mit alles«, und dann, wie beiläufig, saust das Fallbeil durch die Speichelfäden: »Ach, hatte ich vergessen, die Küche hat schon zu.« Daß diese Schweinepriester nicht sofort mit der zugetropften Chianti-Flasche erschlagen werden, kann nur am grundsätzlich friedfertigen Charakter der Deutschen liegen. Statt dessen winseln die knurrenden Mägen vor dem Fraßverweigerer herum, »ob nicht wenigstens eine Kleinigkeit, ein Toast mit Scheiblette oder ein kaltes Bockwürstchen ... »Nichts da, tumerleid!« Das Todesurteil läßt keine Revision zu. Verzweifelt erniedrigen sich die Gäste immer weiter, um dem Futtermeister ein paar Brosamen abzuringen: »Eine Tüte Erdnußlocken oder ein paar feuchte Bierdeckel mit Maggi verfeinert ...« Keine Gnade! Im fettigen Hinterstübchen linst der Koch durchs Schlüsselloch und lacht sich scheckig. Nein, er hat noch nicht frei. Eine gute Stunde muß er noch warten, bis die zwanzig Suflakispieße lecker kross gebraten sind, die er seinen beiden Rottweilern daheim mit nach Hause bringt. Den Hungerleidern in der Gaststube hängt der Magen in der Hose, längst haben sie keine Kraft mehr, die Kaschemme zu verlassen und woanders ihr Glück zu suchen. So sind sie bereits beim vierten Halben angelangt und sehen mit glasigen Augen, wie der Wirt bei einer Gruppe Neuankömmlingen gerade die Speisenwünsche notiert. Diabolisch grinsen sie zum Tisch hinüber.

Heinrich führte jahrelang das erste Haus am Platze. Seine Spezialitäten waren Korn und Kräuterlikör aus Wassergläsern, dazu ein halbes Bier (Schaumburger Herrengedeck).

INTERAKTIVE SABBELEI
Doofmanns Erzählungen

Wenn Doofmann die Meinungskloake aufreißt, schaltet der Gewiefte sofort instinktsicher die Rezeptoren auf Stand-by. So entgeht er im Regelfalle dem Info-Müll, der sich zwischen dessen Ohren angesammelt hat. Zunehmend breitet sich bei den Laberheinis aber eine interaktive Gedächtnisschwäche aus, die das Gesprächsopfer einzubinden sucht. »*Wie heißt der noch mal, trägt 'ne Brille, kennst Du auch.*« Kenn ich nich, will ich auch nich kennenlernen, und aufgrund dieser messerscharfen Täterbeschreibung fielen mir ohnehin mindestens 600 Kandidaten ein. »*So 'n Mittelgroßer, war vor 15 Jahren mal zwei Wochen mit Sybille zusammen.*« Wer zum Teufel ist jetzt schon wieder Sybille, denke ich und sage es leider laut. »*Sybille? Sag nich, Du kennst nich Sybille? Sybille!*« Auch das dreimalige Einhämmern des insektenhaften Vornamens läßt vor meinem geistigen Auge kein Bild entstehen. »*Mööönsch, Sybille! Sybille!*« Wenn ich den Namen noch einmal hören muß, krieg' ich grüne Pickel. Außerdem ist es mir natürlich völlig einerlei, welcher mittelgroße Brillenträger vor 15 Jahren irgendeine Scheiß-Sybille genagelt hat. »*Sybille, Mann! Warst Du doch auch schon mal paar Jahre mit zusammen, Alter!?*« Hoppala, da ragt die Story aber gefährlich in den eigenen Lebenslauf hinein. Sybille, Sybille, da klingelt nix bei mir. »*Kann auch sein, daß sie Beate hieß, sind ja so ähnliche Namen.*« Überflüssig anzumerken, daß es da natürlich auch keine Beate gab. Der Doofmann wühlt nach Herzenslust weiter in seiner unaufgeräumten Gehirnkrypta herum und würgt jeden Brocken eiskalt an die Oberfläche. Schon schlimm genug, sich diesen unstrukturierten Pipifax anhören zu müssen, so ist die Aufforderung zur Mitarbeit an der Alzheimer-Collage doch das Nervtötendste. *»Kam gestern auf SAT, dieser eine Film mit den Pferden, wo der eine Typ mitgespielt hat, glaub' ich. Mann, kennst Du auch.«* So startet Doofmann gerne seine Expeditionen ins Kurzzeitgedächtnis und versucht bei jeder Gelegenheit, Mitreisende zu gewinnen. *»Komm sag schon, weißte doch, Mann, dieser eine Film mit so Pferden!«* Wie viele Western mögen bis dato gedreht worden sein? 150 000? Und was ist mit »Ferien auf Immenhof«? Könnte der auch gemeint sein? Hilflos schaut man Doofmann bei seiner Gehirnzermarterei zu. Als man es schließlich nicht mehr aushält, stellt man die entscheidende Frage nach dem Sinn dieser Anstrengung. Was war denn mit diesem Film? *»Der war scheiße!«* Sieh mal an, für diese cineastisch fundierte Quintessenz stehen also zwei erwachsene Mitteleuropäer im Regen an der Bushaltestelle und grübeln in der Gegend herum. Der Bus ist weg, die Füße naß, der Tag versaut. Okay, Doofmann, dafür gibt's jetzt einfach stumpf einen aufs Maul. *»Jetzt fällt's mir wieder ein: Die Vögel von Hitchcock. Vögel waren's, keine Pferde. Hatt' ich doch recht!«*

Die zehn häufigsten Krankheiten

1. Verschleiß
2. Verkalkt
3. Verkrebst
4. Kaputt
5. Auf
6. Pumpe
7. Knochen
8. Nerven
9. Blutwerte
10. Reißen und Zucken

»Nicht schlecht, Herr Specht!« Zum ersten Mal seit 40 Jahren hatte der bekannte Berufspolitiker wieder auf einer Kreidler gesessen. Man zeigte sich begeistert über die Geschwindigkeiten, die außerhalb der Regierung möglich waren.

ÖKOVOLLZUG IN DER FAHRGASTZELLE
Fahrgemeinschaft

Als Carl Benz 1885 seinen Motorwagen auf die Räder stellte, erfand er nicht nur das Automobil, sondern, was viel wichtiger ist, den Zweisitzer. Kollege Daimler verwässerte schon ein Jahr später das segensreiche Prinzip der begrenzten Fahrgastzahl, und drum erscheint uns heute der Viersitzer als der Inbegriff des normalen Automobils – eine tragische Fehlentwicklung. Sie bescherte uns nicht nur das zänkische Ritual des Familienausflugs, sondern vor allem die Fahrgemeinschaft, eine lustfeindliche Veranstaltung, die unter anderem dazu dient, das Finanzamt mit gefälschten Reisekostenabrechnungen zu betuppen.
Es ist jedoch nicht nur die rollende Mogelpackung für die Penunzenjäger des Staates, die den zur Arbeit pendelnden Viererpack reizvoll erscheinen läßt, letztlich steckt ein moralischer Anspruch dahinter. Wer traut sich noch als Einzelpendler auf die Straße, wenn drei leere Sitze in stummer Anklage den Tribut an die Umwelt fordern. Flugs werden drei muffelnde Schergen, die den nämlichen Weg zur Arbeit haben, per Inserat zuammengetrommelt und bilden eine der traurigen Viererbanden, die uns allmorgendlich vor der Ampel durch beschlagene Scheiben anstarren. Ist schon das Automobil allein durch die alberne Sitzanordnung nicht gerade der Hort gelöster Kommunikation, die Zwangsgemeinschaft mit übellaunigen Mitfahrern in der Dämmerung macht es zur mobilen Gummizelle. Der eine will Radio hören, der andere nicht, sie erzählt von der langwierigen

Wurzelbehandlung, er vom glücklich geformten Stuhl am frühen Morgen. Einer quasselt wie ein gedoptes Eichhörnchen, ein anderer mümmelt an der Tilsiterstulle – wäre Jesus mit 'ner Fahrgemeinschaft nach Jerusalem gebrummt, auf die Nummer mit der Nächstenliebe wär' er schwerlich verfallen. So mancher soll schon nach kurzzeitiger Bekanntschaft mit dieser Transportform reumütig in den verschwitzten Öffi zurückgekehrt sein. Doch nicht allein die Teilnehmer darben an der konfliktträchtigen Unterschreitung der Fluchtdistanz im PKW, auch der unschuldige Anwohner leidet mit. Wenn der Nachbar sich per Fahrgemeinschaft nächtens vom Kollegen zur Frühschicht abholen läßt, so kündet dieser sein Erscheinen todsicher mit einem Hupsignal unterm Fenster an. Der Abzuholende, noch im Pyjama resp. unter der Dusche, läßt uns den rasselnden Klang eines frisch angelassenen Diesels noch ein Viertelstündchen miterleben – wie schön. Wenn die Mischpoche dann endlich von dannen gerasselt ist, trudelt schon der nächste qualmende Strich-Achter in die Wohnstraße und trötet einen Kollegen aus den Federn.

Doch wir drehen uns wohlig noch mal im warmen Bettzeug um und denken voll Schrecken daran, wie es wäre, mit einem Satz muffelnder Schweinepriester in der Blechkiste den Tag zu beginnen. Nie ist das Wort von der »Fahrgastzelle« ähnlich schlüssig interpretiert worden wie in der Fahrgemeinschaft.

DIE EIGENE KOTZE ALS LEBENSRAUM
Festivals

Wenn 30 000 Bekloppte mal drei Tage ausprobieren wollen, wie's in Albanien so groovt, dann buchen sie ein Wochenende Flüchtlingslager, in Mitteleuropa Open-Air-Festival genannt. Hier kann man nach Herzenslust an fremde Zelte pinkeln, den Pudel grillen oder seinen dreckverkrusteten Piephahn in fremde Menschen stecken. Vornehmlich die wehrpflichtige Jugend besorgt sich hier die ihnen vorenthaltene Fronterfahrung. Mal richtig in der Scheiße liegen, wie der Opa immer erzählt von Stalingrad. Bewußtseinsmäßig noch näher allerdings ist die Mutter aller Festivals, Woodstock 69. Hier wurde zum ersten Mal das Kacken in fremde Vorgärten als revolutionärer Akt gefeiert. Woodstock hat Maßstäbe gesetzt: ohne Müll und Schlamm ist die Chose nur halb so witzig. Muß man dann für den halben Liter Büffelpisse noch einen Zehner bluten, juppheidie, dann hält man's kaum noch aus vor Witzigkeit. Der Profi hat sich natürlich den ganzen Ford Fiesta mit Dosenjauche vollgezergelt, um sich unabhängig von Dritten die Hutze vollzugießen. Hätt' ich beinahe vergessen, nebenbei wird auf einem Festival auch noch Musik verabreicht. Die diversen Bands liefern den wummernden Soundtrack zum Gesaller. Wer da wo wie lange auf der Bühne rumorgelt, ist völlig wumpe, Hauptsache laut und breiig. Da fragt sich der kritische Betrachter doch, wieso sich zig Tausende juveniler Scheinselbständiger für 150 Öcken dieser Tortur aussetzen. Nun, wenn's denn den Horizont erweitert, könnte man sich doch auch mit 'nem Sixpack in die

Einflugschneise legen, sich gegenseitig anpissen und den Müll nicht wegräumen – das ist preiswert und terminunabhängig. Jaha, aber das ist quasi nicht so revolutionär. Festivals leben von ihrem Zitatcharakter, sie sind die inszenierte Erinnerung an die Zeit, als Jugendkultur noch ein gesellschaftlicher Gegenentwurf zu sein glaubte. Sie sind Retro-Design für schwäbische Oberschülerinnen und ihre Stecher mit den Ziegenbärten. Hier spielen sie noch einmal für drei Tage Woodstock nach, bevor sie sich zu Hause wieder im Internet schlafen legen. Der Müll wird zum letzten Symbol einer verlorenen Freiheit. Rumsauen, Kotzen und Pissen als Reste eines dionysischen Lebens, wie es in der geordneten Welt der bis zum Erbrechen Erwachsenen nicht mehr möglich ist. Darum wird es sie auch noch in fünfzig Jahren geben, die Open-Air-Festivals, denn je abgezirkelter die Welt ist, in der wir leben, desto mehr träumen wir davon, bei lauter Musik mal wieder anständig in den Graben zu scheißen.

Die zehn meistgekauften bekloppten Baumarktartikel

1. 40er Spaxschrauben in 1-Kilo-Beuteln
2. 2 x 3 Abdeckplane für 5 DM
3. Naßraumpaneele in Kiefernachbildung
4. Dremel-Zubehör
5. Gardena-Schlauchverbindungen
6. Kleinteile-Aufbewahrungsset mit 50 Schubladen
7. Akku-Schrauber-Bits aus koreanischem Weichmessing
8. Fichtenprofilleisten
9. 30 x 30 Feinsteinzeugplatten mit Vogelschißmuster
10. Weißer Plastikpavillon

WAS AUCH MAL GESAGT WERDEN MUSS
Ficken wird überschätzt

Männer und Frauen, zwei Geschlechter, die an sich nicht viel gemeinsam haben, fühlen sich dennoch oft zueinander hingezogen. Dieses Beisammensein nennt sich, je nach vertraglicher Ausgestaltung, Ehe oder Beziehung, Partnerschaft oder Hölle. Weit entfernt von der natürlichen Lebensform des Menschen, der sogenannten Einsamkeit, besteht das Doppeldasein zu mehr als 99 % aus Streit, Langeweile, Einkaufen und Den-Kram-wieder-Wegfressen. Überlagert wird diese Frustnummer im günstigsten Falle von einer winzigen Kopfnote, der sogenannten Sexualität. Diese wiederum besteht aus 99 % Herumgeöddel, dem sogenannten Vorspiel, Herumturnen oder Stimulieren, und – wenn alles glatt geht – aus einem klitzekleinen Prozentchen Orgasmus. Selbst wenn die Probanden spitz sind wie die Eichelhäher, macht dessen Anteil am Gesamtalltag kein Promill der gemeinsam verbrachten Zeit aus. Zum Vergleich: Mit nur 0,8 Promill Alkohol im Blut ist man schon mehrere Stunden fahruntüchtig. Der Orgasmus haut einen dermaßen wenig vom Hocker, daß man sogar währenddessen noch Auto fahren kann. Das ist also der Stellenwert der ganzen Veranstaltung im nüchternen Auge des Betrachters, und somit muß die Frage erlaubt sein: Wird Ficken womöglich überschätzt? Lohnen die paar Muskelkontraktionen den ganzen Aufwand, die ganze Quälerei? Blicken wir zurück: Ursprünglich gedacht war die lustige Hoppelübung als Mittel zur Fortpflanzung. Damit der Genpool in jeder Generation gehörig umgerührt wird, ersann

Mutter Natur die geschlechtliche Vermehrung. Einmal pro Jahr traf sich der ganze Verein, forkelte um die Partnerwahl, und dann ging's dabei. Für alle Teilnehmer, die sich nicht in der Aufzucht engagierten, war dann ein Jahr Ruhe. Erst der Mensch, befreit von der täglichen Sorge um Obdach und Nahrung, erfand die Hypersexualität als nette Freizeitbeschäftigung. Leider ist er dazu physisch nicht wirklich in der Lage. Wenn man mal sehen will, was mit Hypersexualität gemeint sein kann, dann lohnt ein Blick in einen x-beliebigen Affenkäfig. Aus der Diskrepanz zwischen Können und Wollen log sich der Mensch die Erotik zusammen – quasi ficken, ohne selber dabeizusein. Die Erotik nun aber ist wirklich omnipräsent: Aus jeder Ecke der Öffentlichkeit schlackern einem die Schlüsselreize um die Ohren – so häufig, daß man kaum noch von Schlüsselreizen sprechen mag. Doch was macht das gereizte Individuum mit der ganzen Stimulanz: Es kauft die Tüte Chips mit den Nackedeis vorne drauf und frißt sie abends vor dem Fernseher mit seinem Sexaddressaten leer. Und wenn er Glück hat, wird nach den Tagesthemen noch etwas herumgeöddelt, und das Promill wäre für diesen Monat wieder voll.

WAS ANDERERSEITS ABER AUCH STIMMT
Ficken wird unterschätzt

Jetzt wissen wir es endlich, neueste Studien belegen: Die meisten Menschen lernen ihre Geschlechtspartner über die Arbeit kennen. So wird's wohl sein, sage ich und behaupte das Gegenteil: Den meisten Menschen wird die Arbeit überhaupt erträglich durch die Aussicht, dort einen Beischläfer aufzureißen. Gut, wenn 300 Männer wochenlang auf einer Ölplattform malochen, ist die Wahrscheinlichkeit, daß dort ein Dutzend Nymphomaninnen anlandet, eher gering. Dennoch: Immerhin Doris Köpf kam vorbei und wurde auch flugs aufgerissen, wenn auch nicht von einem der virilen Plattformhengste. Jede entfremdete Blödmannstätigkeit ist nur auszuhalten durch die wenn auch noch so theoretische Aussicht auf unverhofften Geschlechtsverkehr. Zigfach runtersublimiert, ist sie noch im entferntesten Winkel unserer Arbeitswelt das Motiv des Weitermachens. Irgendwann hält's selbst der Pope nicht mehr alleine unter der Soutane aus und schielt zum Ministranten. Die Welt ist voller mieser Jobs, deren Erotik allein nicht reicht, die Leute bei der Stange zu halten. Und kommt es auch in den seltensten Fällen zum Quickie hinterm Aktenschrank, so sind die Tagträume davon das dreizehnte Monatsgehalt für die entfremdete Seele. Geradezu aberwitzig erscheint da der amerikanische Trend, die Arbeitswelt komplett zu entsexualisieren. Mit einer Bande Eunuchen läßt sich wohl kaum der Shareholder-Value zusammenstoppeln. Der Sexualtrieb hat eine Million Jahre lang die Entwicklung des Menschen auf allen Gebieten befeuert, es würde

mich schwer wundern, wenn er sich plötzlich durch bescheuerte
Amerikaner kasernieren ließe. Vielmehr wird die Gesellschaft
noch weiter hypersexualisiert, je mehr man die erotische Begehrlichkeit in den Bereich des Verbotenen abdrängt. Die Diskussion
über sexuelle Belästigung am Arbeitsplatz wird mit einer Vehemenz geführt, als stiege noch immer der Jungbauer des Abends
ungefragt über die hörige Magd. Eine parallele Diskussion über
sexuelle Stimulanz am Arbeitsplatz findet hingegen nicht statt.
Doch wie sagte schon Häuptling Seattle, der Begründer von
Microsoft: »Erst wenn der letzte Schlüpfer verriegelt ist, werdet
ihr merken, daß man von Geld allein nicht schwanger wird.« Und
so schleichen die Beschnittenen wie die Ochsen und Kapaune
durch die Büroetagen und folgen mit ihrem Blick den Fugen
des Lenols, wenn ein Weibchen naht. Doch wehe, wenn sie selbst
gefordert sind und das Lendenfieber legal in Nachwuchs umgerubelt werden soll, huch, dann kräuselt sich's im Schritt, und
die Samenfäden wollen nicht so recht auf Touren kommen. Kurz
darauf findet man sie dann in den zugigen Masturbationsräumen mit dem Gläschen in der Hand, darauf hoffend, daß sich
aus der milchigen Brühe noch ein Benjamin isolieren läßt.

Im Unterschied zum Menschen macht beim Schalenwild auch der gehörnte Mann eine gute Figur.

BLOSS NICHT ZUR BESINNUNG KOMMEN
Freizeitstreß

Ganz früher gab's die Arbeit, und wenn nicht gearbeitet wurde, nannte man das Essen oder Schlafen. Dann erschuf der Gewerkschaftsbund die Freizeit, und der Proletarier mußte nicht mehr aufe Arbeit saufen, sondern hatte jeden Tag ein paar Stunden extra, reserviert für sein liebstes Hobby. Heute sind die Schwachmaten dermaßen schnell breit, daß noch mehr Zeit übrigbleibt, die es zu gestalten gilt. Und so entstand der Freizeitstreß. Wer diese Form der Lebensbewältigung so richtig auskosten will, muß nur jede freie Minute seines Lebens mit unproduktiven Terminen zuscheißen. Simpelste Form des privaten Terrors ist ein großer Freundeskreis, der nach ständigen Kontakten giert: Dann ist hier ein Geburtstag, dort eine überflüssige Eheschließung, oder man trifft sich »nur so«. Auch nicht von schlechten Eltern ist eine Vereinsmitgliedschaft, vorzugsweise bei den Vertretern der Leibesübung. Dreimal die Woche Training, sonntags Wettkampf, montags geselliges Beisammensein, Vorstandssitzung: Ruckizucki ist das Leben zugemüllt. Aber auch der individuell betriebene Sport kann erfolgreich am Kalender nagen, denn für jede zu verbrauchende Kalorie muß man ja zuvor mit dem Auto irgendwo hinorgeln. Feste Zeiten im Squash-Center und der Muckibude, Mountainbike aufs Wagendach und eine Stunde bis zum Waldrand fahren. So vergeht Stund um Stund, und einmal pro Jahr fragt man sich, wann man das letzte Mal nichts vorhatte. Bevor die Freizeit erfunden wurde, gab es den Müßiggang, interessefreies Herumlungern an der Oberfläche des Planeten. Oft und gerne wurde dabei nachgedacht über Sinn und Blödsinn des Lebens an sich. Die schärfsten Philosophien, die ergreifendste Lyrik haben ihren Ursprung im Müßiggang. Der moderne Bekloppte hat's nicht so mit Nachdenken und Gedichte schreiben. Er zappelt lieber in der Gegend rum und hat Fun. Lückenlos greift ein Idiotengehampel in das nächste: 17 Uhr Bowlingbahn, 19 Uhr Cartrennen, 21 Uhr Männergruppe und um 11 Manuela Vermöbeln. Heißa, der Abend ist gerettet, dazwischen liegen jeweils 50 Autobahnkilometer, und jede tiefere Auslotung des Daseins ist erfolgreich vereitelt. Die hohe Kunst des Freizeitstreß wird aber erst erlangt, wenn alle Termine mindestens dreifach belegt sind und deren Koordination, Verschiebung und Absage über Telekommunikate die gesamte Freizeit beansprucht. Dann hat man's geschafft. Man kann zu Hause bleiben, virtuell rumhampeln, und mit etwas Glück bleibt mal eine Minute übrig zum Müßiggang. Und mit noch mehr Glück denkt man dann, was fürn blödes Schwein man doch ist.

Die zehn beliebtesten Supermarktartikel
1. Kartoffelchips, ungarisch, Ein-Kilo-Tüte, Hausmarke
2. Zigeunersauce im Plastikgebinde
3. Aufbackbrötchen
4. Gehacktes, halb und halb, fast abgelaufen
5. Putengyros, vorgewürzt
6. Texanischer Feuertopf, 1 1/2-Liter-Dose
7. Fichtennadelbadezusatz, 2-Liter-Pulle
8. Großmutters Unterhosentraum, Vanillelikör, 12,5 % Alkohol
9. Überraschungseier, Palette
10. Achtlagiges Klopapier

»Das wird mal unser Schlafzimmer«, freut sich das junge Bauherrenpaar auf die Fertigstellung seines Eigenheims.

DA ZIRPT DER ZWÖLFFINGERDARM
Grillen

Als vor dreißigtausend Jahren aus Versehen der Opa rückwärts ins Lagerfeuer fiel, entdeckte die Menschheit den verführerischen Geruch gegrillten Fleisches. Seither läßt sie dieses Faszinosum nicht mehr los. In jedem Sommer verfallen abermillionen Endverbraucher in einen kollektiven Atavismus und kokeln blutige Leichenteile auf offener Flamme. Der Gestank verbrannten Fleisches steht wie eine Tschernobyl-Wolke über Westeuropa. Nahrungsdarsteller, die das ganze Jahr über niemand selbst in Schutzkleidung anrührte, werden nun gierig verputzt: der Schinkengriller, die Bratwurstschnecke, das fertiggewürzte Nackensteak. Kein Teil der Borstenvieh-Anatomie ist so absurd, als daß es nicht über den Weg der Holzkohle geadelt würde. Schweinebauch z. B., ein schwartiger Fettfladen, den nicht mal mehr die Bajuwaren auf ihrem Speisezettel kennen, findet sich in jedem Grillsortiment. Arschige Flomenbrocken, schießpulvergeschwenkte Knorpelstränge und in den Darm geprügeltes Katzenbrät warten gleichfalls auf ihren Feuertod. Dazu wird eine Fünf-Kilo-Tüte verkohlter Regenwald in eine Blechschale geschüttet und mit einem Vierkant Sevesogift, sogenanntem Grillanzünder, zum Glühen gebracht. Ist die Esse soweit erhitzt, daß man in ihr auch eine Damaszenerklinge schmieden könnte, wandert der Krakauer auf die Flamme.
Zu beachten ist die goldene Regel der Speisenfolge: Immer zuerst das billige Grillgut aufs Feuer, um eine preiswerte Grundsättigung zu erzeugen. Begleitend wird gern der Nudelsalat

gereicht. Da läßt sich mit Dosenerbsen, Dreiglocken-Spiralis und der Gut-und-billig-Mayonnaise für zwo Mark ein Kilo Kontrastbrei produzieren. Angesichts der tausend Grad heißen Feuerstelle ist das erste Dutzend Riemen mittlerweile in den kohleförmigen Zustand übergegangen. Macht nichts, rein innen Kopp mit den Briketts. Erst wenn der gröbste Hunger gestillt ist, wandert der wertvolle Nackengriller auf den Rost und gibt sofort das gespeicherte Fett an die Flammen weiter. Dort verwandelt es sich in ein karzinogenes Produkt der Spitzenklasse und damit das Nackensteak in eine langfristige Hypothek der Volksgesundheit. Aber lecker war's allemal. Kommt noch ein Partyfäßchen Pils dazu und ein Pokalfinale in der Batterieglotze, ist das sommerliche Grillen als Entertainmentform kaum zu überbieten. Fressen, Saufen, Fußballgucken! Und das alles in Unterwäsche – so schön kann das Leben sein.

Die zehn bescheuertsten Sprüche vor dem Sex

1. Sag mir einfach, was dir Spaß macht.
2. Wer hat hier gepupst?
3. Wir haben doch gerade letzte Woche.
4. Du, ich bin auch nur ein Mann.
5. Laß uns einfach nur ein bißchen kuscheln.
6. Du, wie wär's mit morgen, dafür hab' ich dann auch mehr Zeit?
7. Stell dich nicht so an.
8. Andere wären froh, wenn ihr Mann noch scharf auf sie ist.
9. Na gut, aber nicht wieder so lange.
10. Wo du sowieso schon ausgezogen bist ...

VOLKES ANTWORT AUF DAS BAUHAUS
Häkeldeckchen

Die Welt ist ihrem äußeren Erscheinungsbild gemäß eine wenig erheiternde Angelegenheit – besonders da, wo sie vom Menschen gestaltet wird. Gebäude, Autos, Möbel, Haushaltsgeräte – alles sieht mehr oder weniger recht beschissen aus. In Erkenntnis dieser traurigen Sachlage mühen sich seit Generationen die Designer und Produktgestalter vergeblich ab, unseren Alltag ein wenig gefälliger zu schminken. Wesentlich professioneller zu Werke geht da die normale Hausfrau. Sie kauft die häßliche Kommode aus dem Möbelcenter und wirft ein hübsches Häkeldeckchen drüber – fertig ist das Designobjekt. Der Videorecorder, nüchterner Fremdling aus einer fernöstlichen Irrenanstalt, will so gar nicht ins plüschige Ambiente der heimeligen Wohnlandschaft passen. Was läge da näher, als ihn mit ein paar kühnen Schlingen zu umhäkeln. Noch ein Plüschtier drauf, und ruck, zuck sieht's ganz manierlich aus. Wesentliches Prinzip dieses gestalterischen Frontalangriffs auf die Unzulänglichkeit der Welt ist die tiefe Einsicht, daß man eh nichts wirklich ändern kann. Was uns armen Wichten am Ende der merkantilen Nahrungskette bleibt, ist das Häkeln, gekonnt vorgeführt seit Jahrzehnten an der Klorolle im Heckfenster der Mittelklasselimousine. Seinen Höhepunkt findet die Kunst des einfachen Volkes allerdings im Deckchen. Dessen Daseinsberechtigung hat so gar nichts gemein mit seiner größeren Schwester, der Decke. Das Deckchen wärmt nicht, es hält keinen Schmutz fern, es verbirgt nicht das frischgemordete Opfer vor neugierigen Blicken, es ist einfach nur da und wird »drappiert«. Unter »Drappieren« versteht die Deckchendesignerin die kunstvolle Anordnung des Zierüberwurfs auf Funktionsmöbeln, um diese dadurch unbrauchbar zu machen. Auf der Haube des Plattenspielers etwa schmiegt sich ein Häkeloval übers Rauchglas, gepaart mit einem Väschen nebst Trockenfloristik, derart, daß diese nicht mehr geöffnet werden kann. Oder überm Fernsehgerät wird ein Fetzen im Topflappendesign so drappiert, daß die Rübe von Ulrich Wickert nur noch zur Hälfte zu sehen ist. Nachdem sich nun aber etliche Familienmitglieder unzufrieden über den Deckchen-Terror geäußert haben, werden eigens Möbel angeschafft, um den löchrigen Lappen Asyl zu gewähren. Da wäre das Ziertischchen, ein wackliges Dreibein, an dem man sich die Knie stößt, oder die Anrichte, ein Möbel, das niemand mehr braucht, seitdem das Fertiggericht vor der Glotze direkt aus der Folie gelöffelt wird. Das Häkeldeckchen aber bedeckt sie alle mit der Unschuld des Possierlichen. Und auf ihm stehen darf nichts, das auch nur entfernt zu gebrauchen wäre. Sein Rücken ist reserviert für das Väschen, das Porezellanhündchen und das Silberrähmchen mit dem toten Opa drin. Und wenn die Hausfrau erst die Nylonfaser für den Häkelsport entdeckt hat, dann wird wohl auch der Müllcontainer und die Bordsteinkante endlich im löchrigen Design des niedlichen Deckchens erstrahlen.

Lars W. legt großen Wert auf sein Outfit. Heute kommt seine neue Freundin zum ersten Mal zu Besuch.

WARUM NICHT MAL WAS BEKLOPPTES TUN
Heiraten

Fünfzig Prozent aller Ehen werden geschieden. Na so was! Viel schlimmer: Hundert Prozent aller Ehen werden geschlossen. Weder Verstand noch Erfahrung hält die Mehrheit der Bekloppten und Bescheuerten davon ab, einen der merkwürdigsten Verträge der Gesellschaft zu unterzeichnen. Was wird da überhaupt vertraglich geregelt? Die wechselseitige Zuverfügungstellung der Geschlechtsteile zum Zwecke der Neumenschproduktion? Ja, so war das mal gedacht. Hinzu kam noch als essentieller Bestandteil das Treuegelöbnis, was pro forma auch für den Manne galt. Im wesentlichen sollte damit seine biologische Benachteiligung ausgeglichen werden. Wußte doch die Frau immer, daß die Schacker an ihrem Rockzipfel dem eigenen Schoße entsprungen waren, der Mann jedoch nie. Diese arbeitsteilig organisierte Produktionsstätte für die Bevölkerungserneuerung hat jahrhundertelang leidlich funktioniert. Albern wurde es erst, da die Liebe als Eingangsvoraussetzung und das Glück als Ziel der Ehe festgeschrieben wurde. Jeder weiß, wie flüchtig diese Güter sind und wie wenig juristisch zu fassen. Um dem ein wenig Rechnung zu tragen, wurde der einstige Kontrakt über Treue und Versorgung in den siebziger Jahren unseres Jahrhunderts so verschlimmbessert, daß die Standesämter eigentlich den Landeskrankenhäusern angegliedert werden müßten. Man stelle sich vor, Hitler hätte nach dem Bruch des Nichtangriffspaktes und dem Überfall auf die Sowjetunion auf Zerrüttungsprinzip plädiert und Reparationszahlungen für die besetzte Ukraine eingeklagt. Kein feiner Zug, würde man sagen! Aber das ganz normale Ende der Vertragsbeziehung Ehe. Denn hierbei handelt es sich um ein Vertragswerk, das ohne Angabe von Gründen einseitig gelöst werden kann, wobei der vertragsbrüchige Partner auch noch auf Ausgleichszahlungen rechnen darf. Absurder geht's nicht mehr. Aber wer so doof ist und einen juristischen Pakt über Liebe und Glück abschließt, hat's nicht anders verdient. Da fragt sich doch der wohlmeinende Beobachter, ob der ganze Popanz nicht längst hinweggefegt gehört. Statt unerfüllbare Mehrbereichsverträge über Haushaltsführung, Geschlechtsteilnutzung, Kinderaufzucht und Glücksversprechen zu unterzeichnen, sollte man sich partiell einigen. Wobei, auf diese Weise aufgeschlüsselt, der andersgeschlechtliche Lebenspartner fast immer nur zweite Wahl bleibt. Das Glück ist am günstigsten über den Lottoschein zu erstreben, treu ist bestenfalls der Hund, den Haushalt führt die Fachkraft für 630 Mark, die Kinder sind auf diese Weise erst gar nicht vorhanden, und für den Sex war die Ehe ohnehin stets Feind Nummer eins. Bleibt als einziger Grund noch die angenehme Steuerklasse. Und da muß sich jeder selber fragen, ob es die paar Mark wert sind, daß ein fremder Mensch allabendlich an derselben Fernbedienung rumfummelt.

Die zehn beliebtesten Alkoholika der Behämmerten

1. Jim Beam-Cola in Dosen
2. Bier in Kisten
3. Kümmerling im Kreis
4. Kleiner Feigling im Karton
5. Jägermeister auf Eis
6. Red Bull und Wodka in der Disco
7. Tequila auf Tequila-Partys
8. Sangria aus Plastikeimern
9. Prosecco auf'm Wochenmarkt
10. Ouzo zum Rülpsen beim Griechen

Wenn sie glaubten, keiner guckt, besprachen sie viel miteinander. Kam jemand rein, wurde wieder auf »hündisch« gemacht.

SIE LEBEN MITTEN UNTER UNS
Hunde

Als der Mensch – vor allem seine Ische – vor 10 000 Jahren das Sprechen lernte, sehnte er sich im selben Moment nach der Zeit des Schweigens zurück. Und so zähmte er sich mit dem Hund einen Gefährten, der vor allem eines kann: das Maul halten. Er ist die stete Erinnerung an das Paradies der Ruhe. Wenn der Canide zu uns spricht, dann wedelt er lautlos mit der Rute. Selbst das war einigen Menschen noch zuviel Gesabbel in der Bude, und Dobermann und Rottweiler wurd kurzerhand der rektale Knüppel abgesäbelt. Hunde gibt's für jeden Zweck: Dicke mit Schlitzaugen, die man sich abends in die Mikrowelle schieben kann, dünne mit Basedow-Glubschern, denen Omas beim Frieren zugucken. Speziell gezüchtete Rassen kacken ganz viel und übelriechend, andere fusseln wie ein räudiger Flokati. Aus dem stolzen Wolf hat der Homo über Jahrtausende scheinbar eine Bande Weicheier gezüchtet. Die Wildnis ohne Heizung und Fertig-Happe-Happe macht ihm genauso Angst wie uns. Drum ist der Hund das einzige Tier, das freiwillig mit uns die Wohnung teilt, uns aber trotzdem nicht an den Kragen will. Anders als die Sackratte, die gnadenlos die Schambehaarung lichtet, oder der Bandwurm, der im Schutze der arschigen Finsternis sein Unwesen treibt, bleibt Canis familiaris auf dem Sofa liegen, statt dem nervigen Primaten bei passender Gelegenheit die Gurgel durchzubeißen. Wo wittert der Wauwau dabei nun seinen Profit, fragt sich der mißtrauische Beobachter.

Für Sackratte und braune Darmschleiche ist die Chose klar: Der Mensch ist eine gammelige Mülldeponie, auf der man ganz gut von den Abfällen leben kann. Wieso aber der gezähmte graue Räuber die Taiga gegen den Dreizimmer-Knast getauscht hat, bleibt im dunkeln verborgen. Die Grundversorgung mit staubigem Hundemüsli kann's ja wohl nicht sein. Irgendwas hat die Bande vor. Schon heute leben über 5 Millionen Hunde in nächster Nähe des Menschen. Das sind fast soviel, wie einst die Stasi Spione im Westen hatte. In jedem Supermarkt gibt es riesige Abteilungen mit Waren, für die sich nur die Kollegen mit der feuchten Nase interessieren. Immer seltener sieht man sie alleine durch die Straßen laufen, immer öfter hocken sie in eigenen Abteilen großer Kombiautos und lassen sich von irgendwelchen Doofen durch die Gegend kutschieren. Irgendwas hat die Bande vor. Hunde können sich erfolgreich gegen Zeckenbisse impfen lassen, Menschen z. B. nicht. Sie rauchen nicht und saufen nicht, sie liegen faul in der Sonne rum und beobachten uns ständig. Sie lassen die Blöden für sich arbeiten und warten auf den Tag X. Bis dahin schweigen sie und verraten nichts von ihrem Plan. Wenn einmal im Monat um 12 Uhr mittags die Sirenen heulen, stehen sie auf und heulen mit. Warum? Ist das der Probelauf für die Machtübernahme? Wann wird das sein? Hunde sind geduldig, die Vorbereitung läuft seit 10 000 Jahren. Und wenn es dann mal soweit ist, was wird dann mit uns geschehen? Schwanz kupieren und Schnauze halten? Schöne Aussichten!

NUR DER SCHLÜPFER WAR ZEUGE
InDoor-Koten

Ursache allen Übels menschlichen Zusammenseins ist die Dreizimmerwohnung, ein Pferch, entworfen, um die Kleinfamilien kostengünstig aufzustapeln. Der beengte Lebensraum zwingt die Insassen notgedrungen zu Kompromissen. Einander vom Wesen her fremde Körperfunktionen müssen in ein und demselben Raume vollzogen werden: Der Schlaf und der Beischlaf z. B. finden nur deshalb beide im Schlafzimmer statt, weil die Kontrahenten dort in der Regel bereits teilentkleidet sind. Zweiter Multifunktionsraum in der Keimzelle der Gesellschaft ist das sogenannte Badezimmer. Der Name soll beschönigend darüber hinwegtäuschen, daß hier weit weniger gebadet als ganz profan hineingeschissen wird. Nun, wo sonst, entgegnet da der Praktiker, in die Küche etwa oder im Schlafraum gar? Die Generation vor uns kannte noch das »Klo auf halber Treppe«, eine Gemeinschaftseinrichtung aller am Schisse interessierten Mieter. Der Gestank blieb der eigenen Behausung fern, und Vattern hatte stets ein Argument parat für die jüngst erworbene Geschlechtskrankheit – eine feine Sache also. Die Nachkriegszeit bescherte uns die Individualisierung und den damit verbundenen Ekel vor dem Mitmenschen. Allein die Vorstellung, sich auf die angewärmte Klobrille eines Vorbesitzers plazieren zu müssen, treibt die meisten Leute in den Brechreiz. So verschwand das Klo auf halber Treppe, und der Gestank in der eigenen Wohnung wurde als gesteigerte Lebensart verkauft – dies war die Geburt der Naßzelle aus dem Geist des Fortschritts.

Seither versucht die Badindustrie den Wohnungsschiß ästhetisch zu verklären. Flachspülern mit Sicht auf das Vollbrachte folgten die Tiefspüler, in denen der Fäkalschlamm sofort im Wasserbad olfaktorisch neutralisiert wurde. Kloumrandungen und Deckelauflagen aus rosa Frotteematerial machen noch heute in manchem Bad eine gute Figur. Der in zwei Metern Höhe montierte Wasserkasten Typus »Niagara« wich dem dezent hinter der Fliese murmelnden Kollegen der Neuzeit. Duftkegel aus dem Fichtenwald und Raumsprays mit der wilden Frische der Limonen kämpfen heute gegen den aasigen Gestank der Verdauungsreste im fensterlosen Bad. Während sich der Geschlechtsverkehr durch allerlei Brimborium ästhetisch überhöhen läßt, bleibt das Koten die ständige Mahnung an unsere Verwandtschaft mit dem Tier. Da helfen weder Vorspiel noch Reizwäsche – für die meisten Menschen bleibt die Entleerung eine eher unangenehme Sache. So flüchtet sich der Lifestyle-Koter ins Ambiente: Wie Fremde aus der Vorzeit stehen heute die Darmwinde in der Naßzelle aus schwarzem Marmor. Angerichtet auf gediegener Porzellanschüssel, Farbe Manhattan, wird die Analfrucht alle zehn Sekunden durch Hochdruckdüsen entfernt. Dezent illuminiert von stählernem Designergefunzel, hockt der Stuhlende in seinem sündhaft teuren Kabuff. Doch gerade in diesen Momenten des Ganzbeisichselbstseins denkt er voller Sehnsucht an die Zeit zurück, da er den intimen Augenblick mit der Fliege teilen durfte.

Die beiden Finanzbeamten Wilfried und Christiane P. suchen in ihrer Freizeit das Ungewöhnliche.

DAS ZEUGEN DER LÄMMER
Junge oder Mädchen

Hundebesitzer wußten es schon immer: Im Gegensatz zu Hündinnen pissen Rüden alles voll, stinken wie Mike Tyson nach der zwölften Runde und beißen auch schon eher mal dem Briefträger ein zweites Loch in den Arsch. Dagegen will uns das Pädagogengesindel seit dreißig Jahren weismachen, Menschen seien als Welpen alle gleich. Je nachdem, ob man ihnen eine Barbiepuppe oder eine Kalaschnikow in die Wiege schmeißt, mutieren sie zu Mädchen oder Junge. Und würde man den pimmellosen Wichten nur lange genug einen Schraubenzieher zum Dranrumspielen in die Hände drücken, heißa, dann wüchse eine ganze Generation Maschinenbaustudentinnen heran. Ist aber nicht so! Die jungen Weiblein interessieren sich einen Dreck für Profiwerkzeuge, aber auch das kleine Männlein wird nicht schwul, wenn man ihn auf Puppenspiel dressiert. Sollte tatsächlich dem Geschlecht auch beim Menschen eine gewisse charakterliche Disposition innewohnen? Hat Hitler als Kind mit Puppen gespielt? Mag sein! Wahrscheinlich hat er sie erschossen. Können Mädchen, die allein mit einem Auto-Atlas aufwachsen, diesen dann auch lesen? Auch wenn man nach Süden fährt, ohne ihn umzudrehen? Kaum wahrscheinlich. So ist das mit dem einen Geschlechtschromosom, es richtet eine Menge an. Wenn also das menschliche Männlein und Weiblein als total verschiedene Arten zur Welt kommen, etwa wie Ratte und Schmetterling, so sind sie dennoch nicht davor gefeit, im weiteren Leben einander zu begegnen. Nicht nur die weitverbreitete

Heterosexualität gebietet bis zur Lächerlichkeit verkrampfte Kontaktaufnahmen, auch im öffentlichen Leben laufen Rüde und Zippe einander dauernd über den Weg. Nun wär' das alles nicht so schlimm, wenn die genetisch zugedachte Rolle auch ausgelebt werden dürfte. Ist aber nicht mehr, nänänä! Der Mann hat's da noch verhältnismäßig leicht. Nach lebensgestalterischen Irrwegen wie Hausmann oder Softie hat man sich gesellschaftlich auf seine Rolle als ideelles Gesamtarschloch geeinigt. An sich nicht schön, aber die meisten Betroffenen fühlen sich darin sehr wohl. Saufen, Auto fahren, öffentlich rülpsen und Blondinenwitze reißen – es gibt härtere Schicksale. Die Weibchen hingegen sind hin und her geworfen in der Uneindeutigkeit ihrer Rollenzuschreibung. Einerseits sollen und wollen sie genauso sein wie Männer, ebenbürtige Partner in Beruf und Auto-Atlas-Exegese, andererseits wird von ihnen auch das spezifisch Weibliche eingefordert. So eiern die Frolleins bewußtseinsmäßig zwischen Claudia Schiffer und Birgit Breuel herum, sind heute mal diese, morgen jene, rasieren sich die Beine unter der Männerhose und mutieren immer mehr zum dritten Geschlecht. Nur der Chinese, in seinen Entscheidungen wie immer von Langmut und Weisheit geleitet, löst das Geschlechterproblem auf seine spezifisch unkonventionelle Art. Er tötet weibliche Föten einfach ab und päppelt mehrheitlich nur die Rüden auf – aus Liebe, versteht sich.

Irgendwo in Polen. Yannis und Vassily besuchten den Ort, an dem vor 30 Jahren ihre Väter das angewärmte Fladenbrot kennengelernt hatten.

DIE GEFESSELTE BRUT
KinderKnast

Wo sind eigentlich die ganzen Kinder geblieben? Sie streunen nicht mehr durch die Straßen, stauen keine Gräben mehr auf, toben nicht mehr auf dem Hinterhof. Jaha, die vollverkabelten Rangen hocken alle zu Hause vor ihrer Videokonsole oder baldowern im Zwischennetz. Noch schlimmer: Die Frischlinge werden von ihren Eltern in Gefangenschaft gehalten. Das Kind als öffentliches Individuum kommt heute genausowenig vor wie der streunende Hund – beide sind totalverknastet. Zuweilen sieht man sie in den efangenentransportern ihrer Mütter, wenn sie von einer Erziehungsvollzugsanstalt in die andere verlegt werden. Angeschnallt wie Hannibal Lector, hockt der Klein-Knacki auf dem Rücksitz und starrt blödig aus dem Kombi raus. Ziel des Transports ist der Kindergeburtstag bei MacDonald's. Da gibt's Fröhlichkeit von der Stange ohne Hinterher-Saubermachen. Später werden alle wieder in die grüne Minna verstaut und dem häuslichen Vollzug überantwortet. Hier hat der Gefangene eine eigene Zelle mit Fernseher, Computer, Handy und Playmobil-Atomkraftwerk. Dreimal pro Tag schiebt die Aufseherin Nudeln mit Dosenpampe oder ein Fischstäbchen durch die Luke. Das gefällt dem Zögling so gut, daß er seine Zelle oft erst weit in den Zwanzigern verläßt. Nicht Studium noch häufig wechselnder Geschlechtsverkehr können den Nachwuchs dazu bewegen, die liebgewonnene Gefangenschaft zu beenden. Warten wir noch zwanzig Jahre, dann werden vergreiste Mütter in Kombiautos durch die Städte fahren, auf dem Rücksitz hockt ein qualliger Dreißigjähriger, angeschnallt mit Bommelmütze auf dem Kopf. Was soll man auch von einer Gesellschaft erwarten, die die Kindheit in freier Wildbahn abgeschafft hat. Alles ist organisiert, jeder wird betreut: in der Krippe, im Hort, in der pädagogischen Wehrsportgruppe am Nachmittag, auf dem eingezäunten Freigelände mit Rutsche und altem Autoreifen. Das einzige Abenteuer, das hier lockt, ist der gut getarnte Hundeschiß im Sandhaufen. Huharrrr, bloß nicht anpacken! Am besten sowieso gar nichts anpacken von der unbetreuten Welt da draußen: alles voller Mikroben und Umweltgifte. Mangels Außenreiz beschäftigt sich das Immunsystem des Welpen nunmehr mit sich selbst: nässende Ekzeme, Asthma, Juckreiz, die ganze Palette selbstzerstörerischer Körperreaktionen bescheren dem Kurzen einen weiteren Betreuungsreigen: Neurologen, Dermatologen, Psychologen, alle werkeln am Aufzuziehenden rum, und überall fährt ihn die Wärterin mit ihrem Kombi hin: festgezurrt mit Bommelmütze. So vergeht Jahr um Jahr, und mit zwölf war das Kind noch nicht einmal alleine draußen und hat sich noch nie im Dreck gesuhlt. Über Internet bestellt er sich dann eine Wumme, geht in den Schulknast und erschießt seine Lehrerin.

Die zehn beklopptesten Sprüche beim Sex

1. Beweg dich jetzt nicht.
2. Laß dich endlich fallen.
3. Ich komme gleich.
4. Bist du schon drin?
5. Alle anderen fanden das immer gut.
6. Los, entspann dich jetzt.
7. Okay, so bleiben!
8. Was machen eigentlich die Kinder die ganze Zeit?
9. Guck mal, drüben ist auch noch Licht.
10. Sag Bescheid, wenn ich aufhören kann.

HOMO FABER DREHT DURCH
Kunst des Volkes

Unauslöschlich hält sich das Vorurteil, die Interessen der bekloppten Bevölkerungsmehrheit beschränkten sich auf das Funktionieren ihrer Geschlechts- und Ausscheidungsorgane. Haha, Nonsens! Das gemeine Volk ist künstlerisch höchst aktiv. Im ganzen Lande zeugen Gemälde und Skulpturen vom ungeheuren Schaffensdrang der Bescheuerten. Sehr gern gestaltet wird der Feuerhydrant am Wegesrand. Schwuppdiwupp ist auf kahlem Eisenrohr ein lustiges Männlein gepinselt. Auch die riffelige Freifläche am Garagenschwingtor kann sich dem künstlerischen Elan der furzigen Kreativlinge nicht verweigern. Und sehen sie nicht aus wie weiland Picasso in Paris, wenn sie im Unterhemd vor der Garage stehen und einen kühnen Sonnenuntergang aufs Schwingtor pinseln? Ja, das ist originell und auch so schweinefröhlich. Überall leuchten blaue Wellen und puterrote Sonnen aus den Vorgärten, und daneben grinst ein Hydrantenmännchen. Dreißig Jahre nach Roy Liechtenstein hat die Popkultur das Reihenhaus erobert und ist derart widerwärtig präsent, daß man sich über die letzten Garagentore in schlichtem Wehrmachtsgrau schon erleichtert freuen kann. Wenn er aber erst richtig loslegt, der mehrfach Unbegabte, dann ist kein Halten mehr. In kühnem Schnitt wird mit dem Teppichmesser aus dem alten Winterreifen eine gruselige Blumenampel geformt, aus V2A-Blechen schweißt der Deutsche ein Futterhäuschen, das in 2 000 Jahren noch steht, wenn längst keine Meise mehr auf dem Planeten weilt. Schubkarren, Zinkwannen, Milchkannen, nichts ist sicher vor Bepinselung und anschließendem Stiefmütterchenbefall. So wird die Rasenfläche zum Skulpturenpark, während im Hobbykeller der Künstler schon an neuen Projekten feilt: das Kernkraftwerk Unterelbe ganz aus Streichhölzern geklebt, die Rüdesheimer Drosselgasse als Kronkorkenmosaik aus selbstgeleerten Bierflaschen. Ja, das hat doch Sinn und Verstand, diesen Werken sieht man den Schweiß und die Mühe ihrer Herstellung an – anders als dem Geschmiere sogenannter moderner Künstler. Mutti stickt das Alpenpanorama nach Zahlen, Vati bastelt eine kleine Meerschweinchenstadt aus alten Europaletten, und der Opa kann die ersten vier Töne von Beethovens Fünfter furzen. Rege und wertvoll ist das kreative Leben in den geistigen Vorstädten der Republik. Soll künstlerische Bereicherung des Alltags noch mit der Zurschaustellung praktizierter Kinderaufzucht gepaart werden, darf die Welpenschar das Garagentor zusauen. Natürlich sieht das komplett langweilig und scheiße aus, was die kleinen Doofköppe so zurechtkrickeln, aber weil's Kinder sind, traut's sich keiner zu sagen. Und so schließt sich der Kreis bekloppter Schaffensfreude: Während Opa durch Hülsenfruchtgenuß an einem neuen Beethoven übt, flicht Mutti aus den Schoten einen Erntekranz fürs Eingangstor. Vati biegt aus Schweißdraht einen fliegenden Kranich für die Fassade, und die Strafunmündigen jauchen mit Ölfarbe den Stromkasten über. Und ruck, zuck ist aus dem Reihenhaus ein Guggenheim geworden.

»Kann man was draus machen!« Die drei Modellbahnfreunde wollen sich untereinander die Enttäuschung über ihren Kauf nicht eingestehen.

DER WEICHE KERN VON WOHNMOBILEN
Lehrer

Gibt es eine Wiedergeburt für böse Menschen? Na klar, denn wo kämen sonst die ganzen Lehrer her. Irgendwas müssen diese Heinis in einem vorherigen Leben gründlich vergeigt haben, um es dermaßen mies zu treffen in der nächsten Runde. Als erwachsene Menschen verbringen sie sechs Stunden pro Tag mit sogenannten Jugendlichen – eine Tortur, der sich selbst die Eltern dieser Prototypen bei aller Liebe nicht aussetzen würden. Hauen sie der verkommenen Brut mal eins an den Dassel, weil sie die Anrede »Alte Frustfotze« einfach nicht mehr witzig finden, ja heißa, dann steht der Papa mit dem Kadi vor der Tür. Die wenigen Pausen im täglichen Pädagogik-Platoon verplempern sie auch noch mit Ihresgleichen im Lehrerzimmer. Hier mümmelt der Philologe seine Mehrkornbemme und leckt die Wunden aus der letzten Stunde. Zwanzig Minuten blättern in Wohnmobilprospekten, dann geht's wieder in die 5a: Sebastian hat den Hausmeister kastriert, die süße Jessica die ganze Tafelkreide aufgefressen, ach du Scheiße, jede Menge Papierkrieg. Am Nachmittag legt sich der Pädagoge gerne mal die GEW-Zeitschrift aufs Gesicht und ratzt im Liegestuhl. Doch nicht selten droht erneute Anwesenheitspflicht im Jugendknast. Der Direx läßt bitten zur Konferenz über Curriculums Evaluationen im Fach weibliche Nadelarbeit an der Integrierten Gesamtschule. Woher so schnell frische Wohnmobilprospekte herkriegen, um diese Ödnis zu überleben? Die Lehrerrüden kratzen sich unterm Tisch an den Eiern, die Zippen starren in die Brigitte. Alle paar

Wochen bricht noch ein weiterer Horror-Event ins Lehrerdasein ein: der Elternsprechtag. Dann kommen die Hersteller der mißgestalteten Jugend in die Zöglingsbude und wollen was Nettes hören über ihre Zellteilungen. Also lügt der Pägagoge ihnen die Hucke voll, damit sie schnell wieder abrücken und er noch rechtzeitig zum Volleyballtraining kommt. Abwechslung ins Lehrerleben bringen bestenfalls die Ferien. Zehn Wochen im Jahr ist die Schule dicht, dann krabbelt der Erzieher in sein fahrendes Scheißhaus und wackelt nach Südfrankreich. Hier trifft er sich mit anderen Lehrern und breitet die Anträge für das Sabbatjahr und den Vorruhestand aus. Denn spätestens mit 45 ist er ausgebrannt, hat 'ne Schülerallergie oder ein sonstiges Berufsunfähigkeitszipperlein. Dann klemmt er sich die Pension untern Arm und juckelt nur noch mit dem Wohnmobil durch die Gegend. Irgendwann Mitte 50 merkt auch noch der Doofste unter ihnen, daß er ein halbes Jahrhundert seines Lebens an der Lehranstalt vergeudet hat, daß auch sein Ehegespons aus demselben miefigen Berufe stammt, ja, daß mittlerweile die eigenen Ableger »auf Lehramt« studieren und er überhaupt keinen Menschen mehr kennt, der nicht aus der Welt der Zöglinge stammt. Spätestens dann macht sich unser Freund bereit für den Gang ins schwarze Wohnmobil und hofft, als Müllsortierer oder Katzenschlachter wiedergeboren zu werden, nur nicht mehr als Lehrer.

Einer der unzähligen Leser dieses Buches, der an dieser Stelle wohl vielen aus der Seele spricht.

DA ROSTET DAS GEMÜT
Nieselregen

Der Vorzeitmensch war zumindest in einer Hinsicht nicht mal blöde: Er hat diese Gegend, die sich Nordeuropa nennt, erst gar nicht besiedelt. Schön in der geheizten Serengeti rumhängen und warten, bis Grzimek kommt – kein schlechtes Leben. Doch den murmelnden Fernsehprimaten gab's noch gar nicht, erst mußten ein paar Bekloppte auf die blöde Idee verfallen, nach Norden ins Land des Nieselregens auszuwandern. Und da saß er nun, der steinzeitliche Asylbewerber, und fror sich den Arsch ab. Hätte er nicht ratzfatz das Feuer gezähmt und die lange Unterhose erfunden, wäre sein Gastspiel in Mitteleuropa nur von kurzer Dauer gewesen. Und so wurde die ganze Entwicklung der europäischen Zivilisation ein einziger Kampf gegen den Nieselregen. Von der mittelalterlichen Minnelyrik bis zur romantischen Malerei – aus jedem Kulturgut tröpfelt die triste Witterung unserer Breiten. Selbst wenn heute im TV-Endgerät die übliche Schar der Bundesbedenkenträger vorgeführt wird – es ist ein einziger Haufen Nieselregenfressen, wobei Angela Merkel ihre ungekrönte Königin ist. Ein Gesicht, das im Ferni nur mit Nebelschlußleuchten halbwegs sichtbar gemacht werden kann. Auch ganz weit vorne in der Schlechtwetter-Ästhetik des Gesichtsausdrucks ist Joschka Fischer, die einzige Indianer-Squaw in einer europäischen Regierung. Fischer und Merkel zusammen sind eine überkritische Masse an Regenfresse und dürfen deshalb nie zusammen im Fernsehen gezeigt werden, damit nicht Hunderttausende vor dem Gerät in spontane Depression verfallen. Die fröhlichen Breiten dieses Planeten dagegen kennen den Monsun, der mit Urgewalt riesige Wassermassen aus den Wolken schüttet, und dann ist es auch gut. Unser Nieselregen nagt beständig an den Seelen der Durchnäßten, seine Freunde sind der Moder und der Schimmel. Sein Wesen ist der faule Kompromiß, nicht Schauer noch Sonne, sondern irgendein fisseliges Gepisse, als sei Petrus die Prostata geschwollen. Und so hat sich auch im Land des Nieselregens der faule Kompromiß als das wahrscheinlichste Ergebnis aller politischen Bemühungen durchgesetzt. Wie sein Vorbild, so trachtet auch er danach, alles zu vermodern, statt es hinwegzuspülen. Ob Steuer-, Gesundheits- oder Rentenreform – alles wird solange benieselt, bis es faulig stinkt und schimmelt. Und dann wird das mulmige Ergebnis von irgendeiner Nieselregenfresse im Ferni als Errungenschaft gepriesen. Hätte der Homo sapiens vor hunderttausend Jahren geahnt, daß sein Zug nach Norden in die modrige Politik der rotgrünen Regierung mündet, wer weiß, vielleicht hätte er's sich überlegt und diese ganze Rheuma-Gegend doch dem Neandertaler überlassen.

Hüpfburg im Auffanglager Friedland, erster Kontakt der Spätaussiedler mit der Funkompetenz des Westens.

DIE WÜRDE DES MENSCHEN IST NACH UNTEN OFFEN
Partyspiele

Als ob das Leben als Mensch nicht schon erniedrigend genug wäre, findet der Bekloppte einen Heidenspaß daran, sich vollends der Lächerlichkeit preiszugeben. Diese Attacken gegen die eigene Menschenwürde nennen sich Partyspiele und dienen dazu, jeden halbwegs Normalen in eine affige Knalltüte zu verwandeln. Dem Delinquenten wird z. B. die Kartoffel »A« am langen Faden hinten an den Gürtel »B« gebunden. Damit soll er nun die Streichholzschachtel »C« in das Ziel »D« befördern. Doch, o Gipfel des Schabernacks, ist der Faden nur just so lang, daß die Kartoffel erst den Boden berührt, wenn der Partysportler eine Art Kackstellung einnimmt. An sich ja schon schweinelustig, den Herrn Abteilungsleiter auf der Betriebsfeier beim Kartoffelkacken zu beobachten, doch es kommt noch besser: Um die Streichholzschachtel »C« mit der Kartoffel »A« zu treffen, muß er diese in Pendelbewegungen versetzen. Dazu ruckelt des Herrn Abteilungsleiters Becken »E« nicht unähnlich dem Verfahren, wie es weltweit beim Geschlechtsakt »F« üblich ist. Was wir also inmitten einer kreischenden Partygesellschaft gewahr werden, ist ein erwachsener Mann im Anzug, dem ein symbolischer Köddel am Bandwurm aus dem After hängt und der dabei ein virtuelles Weibchen stößt. Kein feiner Anblick, denkt der Laie, was wird er wohl verbrochen haben, um so bestraft zu werden? Nix! Das macht der alles freiwillig. Entweder, weil er nicht ganz bei Sinnen ist, oder aus Berechnung. Denn durch die kalkulierte Erniedrigung bei Betriebsfesten oder ähnlichem gaukelt der Chef seinen Dummies vor, er sei einer von ihnen. Das ist auch soweit okay. Schlimmer sind die Bedauernswürdigen, die tatsächlich Spaß haben an derartigem Witzeterror und sich immer neue Folterspielchen überlegen. Der Klassiker der peinlichen Geselligkeit ist der Gurkentanz und sein etwas harmloseres Brüderchen der Apfelsinentanz. Bei letzterem wird dem Tanzpaar eine Apfelsine zwischen die flachen Stirnwände geschoben, und los geht's mit dem Gehoppel. Hahaha, wir ahnen schon Sinn und Zweck des neckischen Treibens: Sehr bald rutscht die quirlige Frucht zwischen den Schädeln weg, und diese prallen ungewollt aufeinander. Was dann geschieht, reimt sich der Volksmund als Kuß zusammen, ist aber doch wohl eher irgendwas zwischen Nasenbeinbruch und blauem Auge. Somit bis aufs Äußerste angeheizt, gipfelt die frivole Stimmung im Gurkentanz. Dem männlichen Tier wird dazu eine Schlangengurke in den Schritt geklemmt, und selbige hat er nun einem Weibchen von vorne oder hinten zwischen die Beine zu rammen. Gelingt es, muß das Opfertier ihm beim Tanze zu Willen sein. Diese Sexualsymbolik ist derart feinsinnig, daß sie nahezu unbemerkt bleibt. Sollte ich jemals dabei überrascht werden, wie ich mit einem dreißig Zentimeter langen Gurkenpenis durch einen Tanzsaal hopse, so kann ich nur hoffen, daß mir ein Freund den Gnadenschuß verpaßt.

Die Fassade der nagelneuen Parteizentrale in Berlin hatte der namhafte britische Designer Jasper M. gestaltet. Durch das gewollt Improvisierte sollte vor allem Menschen aus den neuen Bundesländern die Schwellenangst genommen werden.

LERNZIEL WERBEUNTERBRECHUNG
Pausenklingeln

Die schrecklichste Zeit im Leben eines jeden Menschen ist die pädagogische Gefangenschaft, vom Staat auch »Schulpflicht« genannt. Anders als ihre harmlose Schwester, die »Wehrpflicht«, kann man sie allerdings nicht verweigern. Schöner Mist! Da heißt es also, mindestens neun, auch schon mal dreizehn seiner intensivsten Jahre mit total Bekloppten zu verschwenden. Sie treten auf in Gestalt des Mitschülers, der zumindest in der Erinnerung nur aus Schweißfüßen besteht, und als Lehrkörper, den man allein schon deshalb nicht ernst nehmen kann, da er freiwillig in dem Beklopptenheime weilt. Nun denn, nichts ist so schlecht, als daß es nicht auch sein Gutes hätte. Bei der Schule ist es das Pausenklingeln, das schönste Geräusch der ganzen Jugend. Gnadenlos zerreißt der Alarm das dumpfe Salbadern des scheintoten Pädophilen am Katheder, gnädig erlöst es den gefolterten Schüler vom Tafelpranger. Unter allen lächerlichen Sprüchen der Unterrichtsbeamten ist der lächerlichste der nach dem Pausenklingeln: »Wann Schluß ist, bestimme ich!« Denkste, du Idiot! Die rasselnde Schelle ist die Königin der Objektivität, die Göttin der Schule, die über allem steht. Jeder muß sich ihr unterordnen, ob Lehrersmann oder Knapp. Und zieht sich das Geseire über die linken Nebenflüsse des Alten Testaments wie zäher Schleim durch den Vormittag, so gibt es immer eine Erlösung. Nach exakt 45 Minuten saust das Fallbeil ins Geschwurbel, und aus dreißig Kehlen dröhnt ein Schrei nach Freiheit durch die Lehranstalt. Und dies ist die

Hoffnung, die uns die Schule mit auf den Weg ins Leben gibt: Egal, wie idiotenmäßig scheiße alles auch ist, was andere Menschen mit dir veranstalten, nach 45 Minuten rasselt die Glocke, und du darfst gehen. Und dies ist der größte Schwindel, den die Schule mit den ihr Anvertrauten treibt: Draußen im Leben gibt's gar kein Pausenklingeln. Die doofen Gespräche mit dem Partner, sie ziehen sich durch ganze Abende ohne ein erlösendes Läuten auf dem Flur. Beim Geschlechtsverkehr hingegen mit selbiger Lebensendfigur ist meist schon vor dem Klingeln Schluß. Das Erwachsenendasein entbehrt jeglicher zeitlicher Ordnung. Diese ganzen Konferenzen, Meetings und runden Tische werden von keiner höheren Gewalt jemals unterbrochen. Alles zieht sich ohne Ende! Nur der Schichtarbeiter lebt noch im Paradies der Erlösung. Alle andern warten und warten und warten: ... daß der Chef endlich sein Maul hält, Mama jetzt doch mal langsam zu Potte kommt, Onkel Otto den Arsch zukneift. Doch es gibt keinen Gott in der Welt der Erwachsenen, der alle 45 Minuten »Pause« schreit. Alles, aber auch wirklich alles zieht sich.

Die zehn bescheuertsten Freizeitbeschäftigungen der Bekloppten unter 30

1. Bläiden
2. Weggehen
3. Fann
4. Schoppen
5. Studio
6. Sonnen
7. Steilen
8. Tschätten
9. Sörfen
10. Tschillen

DER SIEGESZUG DES FRAUENADAPTERS
Pinkeln im Sitzen

Pinkeln im Sitzen verursacht Blasenkrebs«, vermeldete neulich eine Nachrichtenagentur. Sich auf eine amerikanische Studie an Tausenden gedemütigter Männer berufend, hieß es zur Erklärung, daß beim Harnlassen in der Hockposition immer etwas Restpisse in der Männerblase verbliebe und diese dann das umgebende Gewebe zur Bösartigkeit animiere. Haben wir es nicht immer gewußt? Seit Jahrzehnten versucht die Frauenbewegung ihre alberne Urinierstellung als gesellschaftlichen Standard durchzudrücken. Erstaunlich, daß die Grünen die Sitzpisspflicht noch nicht im Grundgesetz verankert wissen wollten. Bisher dachten alle aufrichtigen Männer, es ginge um einen symbolischen Akt, der das vermeintlich dominante Geschlecht in die Hockstellung zwingen solle. Die ganz Doofen glaubten tatsächlich den Unsinn von der Reinhaltung des Badezimmers. Erfolgreich verhinderten einflußreiche Frauenverbände die Anbringung von Urinalen in jeder Standardwohnung, um das Frau-Saubermann-Argument weiter aufrechterhalten zu können. Man stelle sich einmal vor, in deutschen Badezimmern gäb' es nur Porzellanmobiliar für Stehpisser. Sämtliche Doppel-X-Kommissariate hätten längst mit dem Einsatz der Östrogen-Bombe gedroht. Männer aber nehmen es klaglos hin, daß sie in der Naßzelle Lebewesen zweiter Ordnung sind. Und jetzt der Hammer: Nicht nur ihr Stolz wurde jahrelang gebrochen, jetzt fault auch noch der Wurm aus Richtung Blase weg. Steckt ein Plan dahinter? Sollte das männliche Geschlecht durch verkrampftes Harnen in der Hockstellung konsequent ausgerottet werden? Wird der Geschlechterkrieg auf der Schüssel entschieden? Wenn dem so ist, so haben die dahinter operierenden Strateginnen die Rechnung ohne den deutschen Bauarbeiter gemacht. Selbstbewußt hält er weiter seinen Urinstutzen in die Landschaft und schüttelt noch den letzten Tropfen aus der prall gefüllten Blase. Mögen doch die Weicheier in den WGs und Lehrerhaushalten charakterlich gebrochen auf der Mulde kauern. Er, der Bauarbeiter, setzte durch, daß sogar die Kotkisten aus Plastik serienmäßig mit männlich korrekt geformten Urinalen ausgerüstet wurden. Ihm ist es zu verdanken, daß der technisch bessere Standard des Harnabschlagens nicht kulturell vernichtet wurde. Und Euch männlichen Sitzpissern kann nur nachgerufen werden: Erhebt Euch! Pißt irgendwohin ins Badezimmer, an den Handtuchhalter, in die Badewanne oder mitten in den Raum, solange, bis endlich keine einzige männerfeindliche Naßzelle mehr existiert. Und Ihr andern Unverbesserlichen: Pißt weiter im Sitzen, und laßt die Restpisse in Euren Blasen verrotten, bis sie zum Himmel stinkt.

Die zehn beklopptesten Haustiere der Bescheuerten

1. Rottweilerrüde, 60 Kilo im Zwinger
2. Yorkshireterrierhündin, rosa Schleife
3. Weiße Schäferhunde, mind. fünf Stück
4. Perserkatze, toupiert, Fresse eingeschlagen
5. Zebrafinken, ein Dutzend im Drahtverhau
6. Golden-Retriever-Welpe, billig und verwurmt
7. Ponys, fett und gescheckt
8. Alles, was klein ist und stinkt
9. Goldfische
10. Körperparasiten

PLAYSTATION ZUM NULLTARIF
Popelfresser and friends

Ist das Internet auch noch so spannend, der eigene Körper ist und bleibt des Menschen bester Freund. Doch nicht die guten alten Geschlechtsteile sind's, an denen er oft und gern herumhantiert, es sind die vielen anderen Körperöffnungen, deren Freuden oft und gern genossen werden. Ein Quell schier unendlichen Amüsements ist die Nase. In ihr kann nicht nur eifrig nach verkrusteten Schleimablagerungen geforscht werden, nein, mit jenen läßt sich auch so manch Schabernack treiben. Zu Kügelchen gerollt, schnippt man sie durch den Öffi oder verspeist sie gar an Ort und Stelle. Wer jemals Zeuge dieses Vorgangs in einem öffentlichen Raume wurde, mag nicht mehr an die Menschwerdung des Affen glauben. »Was wird er als nächstes tun«, gruselt es einen beim Anblick des Popelfressers, »wird er sich den Finger in den Anus rammen und danach genüßlich abschlecken wie sein Magnum?« Geradezu harmlos erscheinen dagegen andere Beschäftigungen an der eigenen Playstation: Fingernägel abfressen, Lippenhaut wegnagen, Arsch- respektive Eierkratzen oder Schuppen regnen lassen. Interessant wird's wieder bei der bakteriellen oder virösen Kommunikation. Harmloseste Form dieser chemischen Kontaktaufnahme zu anderen Intelligenzen ist das Niesen ohne vorgehaltene Hand. Wie weiland das Entlaubungsgift Agent Orange in Vietnam senkt sich die toxische Wolke auf die zufällig anwesenden Mitmenschen nieder. Wer's etwas rustikaler mag, der saugt sich auch schon mal einen Löffel voll Rotz aus der Nasenhöhle, formt ihn im Mund zum Projektil und schießt den sogenannten »Gelben« auf den Bürgersteig oder an die Schaufensterscheibe. Warum ist Stuhlen in der Öffentlichkeit tabuisiert, Rotzen aber nicht, wo doch dieses mit mehr unangenehmer Geräuschtätigkeit verbunden ist? Ja, richtig geantwortet: Es ist der Geruch, der beim Carnivoren Mensch doch etwas störend wirkt. Drum gilt auch das Absondern von Darmwinden als wenig fein, es sei denn, man befindet sich in einem Bauwagen voller Maurer. In weiten Bevölkerungskreisen erlebt das einst ebenfalls wenig geschätzte Ablassen der Magenluft durch den Schlund allerdings eine Renaissance. Liegt es am zunehmenden Konsum von Brausegetränken durch die Jugend? Wohl nicht, denn »gerülpst« wird vornehmlich von schwächlichen Jungstechern, die durch dieses atavistische Imponiergehabe wen auch immer beeindrucken wollen. Ja, der Mensch als biologischer Technologieträger hat nicht nur schöne Seiten. Ganz weit vorn auf der Liste ekliger Beschäftigungen mit sich selbst sind noch die folgenden: Fußnägelschneiden im Freibad, Pickelausdrücken vor dem Spiegel der Disco-Toilette, mit der Gabel in den Zähnen nach Fleischresten stochern, hämorrhoidiale Verwerfungen im Analbereich durch rektales Schubbern an der Bushaltestelle lindern wollen, borkigen Schorf von der Kopfhaut kratzen und der Freundin zum Verzehr anbieten, sich auf der Autobahntoilette die Greifhand vollpissen und ungewaschen nach draußen eilen, übersäuerten Magenauswurf ans Tageslicht befördern und mit dem Fuß auf dem Gehsteig verteilen … Okay, ich denke, es reicht!

Die Verlagsangestellte Patrizia H. hat ein ungewöhnliches Hobby: in der Fußgängerzone knackige Männerärsche fotografieren.

SCHUBBERN AN DER SCHEUERLEISTE
Rückenreiber

Wenn zwei Menschen, ob vertraut oder fremd, früher sich begrüßten, gaben sie sich die Hand. Meistens war's die rechte, und oft schon spürte man am Händedruck, welcher Flachpfeife man da an der Gliedmaße rumfingerte. Gern recht heftig, aber noch viel gerner ausgesprochen glitschig geriet der Begrüßungskontakt zum Gegenüber. Das war natürlich den hippen Kräften dieser Republik zu steif und förmlich, deshalb kreierten sie die Bussi-Nummer. Dabei hauchten sich oppositionell geschlechtliche Menschen unter Mitnahme eines teilerotischen Wangenkontakts einen Schmatzer an die Rübe. Doch auch das vermochte mit der Zeit nicht die gewünschte Intensität zu erzeugen. So traten denn die Rückenreiber auf den Plan. Einen Begrüßungsakt dieser Spezies hat man sich wie folgt vorzustellen: Zwei Zausel aus der Parasiten-Abteilung der Gesellschaft – Lehrer oder Medienmenschen z. B. – sehen einander in der Szene-Bar. Es kommt zu einem gegenseitigen Anjuchzen auf große Distanz. Sodann wird aufeinander zugaloppiert, und eine der beiden Figuren plaziert sich parallel zur anderen. Jetzt kann's losgehen! Der rechte Arme des Begrüßers wandert auf den Rücken des Begrüßten und beginnt die Fläche zwischen Schulterblatt und Arsch durch fortgesetztes Reiben zu stimulieren. Dabei stößt er fortwährend gutturale Grunzlaute aus, nur gelegentlich unterbrochen von Sätzen wie: »Schön, daß es dich gibt, Heidrun!« Nach mehrminütigem Geschubber über dem Steiß wechseln die Positionen, und der Reibungsnehmer beginnt nun seinerseits, dem Partner mit Politurbewegungen den Nordausgang zu rubbeln. Dabei grinsen sich die Blödiane die ganze Zeit an wie Robinson und Freitag vor dem Zubettgehen. Nun mag sich der unbeteiligte Zuschauer fragen, was der Witz ist bei der Oberarschmassage. Liegt dort womöglich eine mördermäßig erogene Zone, die noch nie der Fuß eines weißen Mannes betreten hat, ein unentdeckter Kontinent der Lust? Wer wollte sich da nicht auch ein Stück vom Reibekuchen abschneiden und lustig mit den Griffeln an der Hintern-Nordwand grabbeln lassen. Doch ein Blick ins anatomische Fachbuch belehrt uns eines Besseren. Der Rücken ist die Region mit der geringsten Rezeptorendichte am ganzen Körper. Für eine Minute Eierkraulen müßte man umgerechnet drei Wochen lang den Rücken reiben, bevor auch nur eine annähernd vergleichbare Reaktion entstünde. So fragt man sich um so mehr: Warum tun Menschen so was? Die Antwort ist ganz leicht: Der Rücken ist die einzig politisch korrekte Stelle am Body. Will man Nähe simulieren, ohne in den Verdacht des sexuellen Übergriffes zu kommen, so bleibt nur die Rezeptorenwüste zwischen Schulter und Steiß. Am Busen grabschen oder den Pimmel ziepen, je nun, das wär' eine reelle Sache, aber leider, leider bleibt uns nur der Rückenreiber.

Die zehn beliebtesten Heilmethoden und Medikamente

1. Umschläge
2. Entschlacken
3. Essigsaure Tonerde
4. Bullrichsalz
5. Warmes Bier mit Zucker
6. Werte einstellen lassen
7. Luft
8. Anwendungen
9. Packungen
10. Bestrahlungen

Dreharbeiten zu illegalen Hundevideos: widerwärtig und geschmacklos. Aus Rücksicht auf unsere jüngeren Leser zeigen wir den angepflockten Yorkshireterrier unter der Telefonzelle nicht.

ELITETRUPPEN DES EINZELHANDELS
Schon wieder Lieferanten

Warum haben wir eigentlich Milosevic die Nato-Truppen auf den Hals gehetzt? Hätten nicht ein paar deutsche Auslieferungsfahrer auch genügt, um ihn zu zermürben? Man bestellt bei Brinkmann oder Karstadt auf Slobodans Namen eine Kühltruhe und wartet, bis die Serbenratte einen Liefertermin mit der langsamen Eingreiftruppe vereinbart. Donnerstag ab 6 Uhr. Spätestens kurz nach 7 wird der Kosovarenfresser nervös, warum die Lieferschergen nicht bei ihm zuerst vorbeikommen auf ihrer Tour. Um 9 läuft er wie ein geschlechtskranker Kojote durch seine Wolfschanze in Belgrad. Immer noch keiner da. Aus Nervosität macht sich der Serbenführer um 10 Uhr eine Dose der gleichnamigen Suppe warm und schiebt die Bohnepampe hektisch hinter die Kiemen. Ja nicht den Blick vom Fenster nehmen, vielleicht klingeln die Lieferheinis unten bei Mladic, und die Kühltruhe is weg. Um 12 Uhr hat die tomatisierte Balkanbohne den serbischen Darmtrakt erobert und drängt mit Macht nach draußen. Aber Slobbi traut sich nicht zur Toilette, vielleicht kommt gleich die Truhe von Brinkmann. Mit gekreuzten Beinen steht der Schlächter von Przren am Fenster und harrt so vor sich hin. »Wo bleiben die Säcke mit der Truhe bloß«, will es noch in ihm denken, da wird der Stuhldrang übermächtig und zwingt den härtesten Slobodan der Welt zum Rückzugsgefecht in die Kotschanze. Gerade hat er in selten gekannter Wollust den ersten Serbenschiß hälftig herausgedrückt, da schellt es an der Tür. »Uarrrrhhhh, die Lieferanten sind da!« In Sekundenschnelle schießt die gepanzerte Unterhose über den Slobbo-Arsch, die Kotschanze wird entriegelt, und der Größte Serbe aller Zeiten hastet an die Tür. Doch, o Graus, es waren nicht die Leute von Brinkmann mit der bestellten Kühltruhe, sondern kosovarische Freischärler, die durch Mäusepingeln den Gegner zu zermürben trachteten. Gescheitert an der unbefleckten Entleerung und noch immer ohne Frostaggregat, tigert Milosovic durch seine tausend Quadratmeter Einraumwohnung. Mittlerweile schreiben wir die vierte Stunde des Nachmittags, und noch immer kein Lebenszeichen von der Brinkmann-Truppe. In Slobbis Darmtrakt beginnt die gärende Nationalspeise sich wieder zu regen, doch nicht noch einmal wird er voller Angst ein Türläuten verpassen und die Kotschanze aufsuchen. Voller Ingrimm entläßt er die reichlich portionierte Analfrucht ins serbische Beinkleid. Pah, sollen doch seine schwarzen Garden morgen früh den Kot entfernen, wozu ist er ihr Führer. »Dindong«, schreckt plötzlich das Avonberaterinnen-Läuten den Schlächter aus seinen großserbischen Träumen. »Endlich, die Leute von Brinkmann mit der bestellten Truhe.« Freudig erregt eilt Slobbi zur 20 qm großen Wohnungstür und öffnet. Doch es sind nicht die erwarteten Lieferanten, sondern Mladic und seine Kampfhunde. Diese sehen einen zugeschissenen Penner in der Wohnung Milosevic' und drehen ihm ohne zu zögern den Hals um. Pech für Slobbi, denn zehn Minuten später kam tatsächlich der Außendienst von Brinkmann, und Mladic ist nicht nur der neue Serbenführer, sondern erfreut sich zudem noch an einer 1A neuen Kühltruhe.

NUR GOTT BRAUCHTE KEINEN INBUSSCHLÜSSEL
Selbstmontage

Nicht Sigmund Freud war es, der die menschliche Seele am meisten kränkte, sondern ein beklopptes schwedisches Möbelhaus, das den Begriff »Selbstmontage« in unserem Bewußtsein auf ewig verankert hat. Der Homo faber wird seiner eigenen Unvollkommenheit am innigsten gewahr, wenn er aus einer Tüte Schrauben, dreißig Dachlatten und einem extrem unwitzigen Comic strip ein Weinregal formen soll. Nicht in die Dritte Welt sind alle Billigjobs ausgelagert worden, sondern in die heimische Wohnung. Gleich welches vermeintliche Fertigprodukt man ersteht, mit der Aufschrift »Selbstmontage« beginnt der Weg des Leidens und der Demütigung. Aus purem Menschenhaß hat der Hersteller immer eine Schraube mehr oder weniger in die Plastiktüte gepackt als vonnöten. Aus reiner Schlechtigkeit greifen Nut und Feder, Falz und Zarge nie hundertprozentig paßgenau ineinander, sondern müssen mit 500 Kilopond Druck zusammengepreßt werden. Wohl dem, der über fünf Arme und noch mehr Hände verfügt, er kann die zwölf gleichzeitigen Montagegriffe mühelos bewerkstelligen. Wir anderen alle, denen seit Geburt die Pranken auf zwei Reste runtergeschnitten wurden, scheitern kläglich an der Komposition. Verzweifelt versuchen wir mit den Knien eine Schraubzwinge nachzubilden, ähnlich effektiv, wie sie unserer Gattin vor Wochen die lustigen Hämatome an der Hüfte bescherte. Im Unterschied zum Ehepartner, der fertigmontiert in unser Leben trat, ist das Weinregal jedoch voller Tücke. Besagte Kniezwinge läßt das Lattengerüst nicht in tiefer Innigkeit zueinanderfinden, sondern setzt eine davon derart unter Spannung, daß sie den Verband verläßt und uns an den Schädel springt. Dem nachfolgenden Wutausbruch fallen entscheidende Teile des Montagesets zum Opfer: die gebörtelte Doppelösenmuffe verschwindet auf Nimmerwiedersehen unterm Schrank, der legendäre 6 mm Inbus löst sich schier in Luft auf. Da sitzt er nun, die Krone der Schöpfung, und weiß nicht weiter. Aus Frust latscht er in ein Autohaus und kauft sich einen neuen PKW, eines der wenigen noch komplett montierten Produkte unserer Zeit. Am weitesten vorangeschritten bei der Verlagerung der Endmontage in unser Heim sind jedoch nicht die Möbelschnitzer, sondern die Softwarefritzen. Da wäre man ja schon froh, wenn aus den angelieferten Teilen ein verwendbares Produkt entstünde. Diese Verbrecher haben es ja sogar geschafft, angedachte Programmskizzen, flüchtig hingetuschte Betriebssysteme aus der Windows-Forschung dem Verbraucher als Fertigprodukt anzudrehen. Wo soll das alles noch hinführen? Basteln wir uns zu Tode? Fummeln schon in wenigen Jahren frisch an der Hüfte Operierte mit dem 6er Inbus in der kaum verheilten Wunde herum? Ist ein Fertighaus nichts weiter als ein LKW voll Zement und 100 qm Spanplatte? Und wie lange noch werden komplette Kinder geboren? Irgendwann wird auch die gute alte Gebärmutter keinen Bock mehr haben, den Schacker neun Monate lange aufwendig zusammenzuleimen. Was soll's? Schon heute sehen viele Bekloppte so aus, als hätte man im Kreißsaal die Montageanleitung verkehrt herum gehalten.

Solange das abgebrannte Haus noch nicht wieder steht, hält Zbigniew C. den neuen Schornstein fest – immer noch billiger als ein Gerüst.

WESEN AUS EINER ANDEREN WELT
Sonntag morgens in Deutschland

Sonntag morgens in Deutschland. Eine Aral-Tankstelle im Frühnebel. In Restalkohol konservierte Jammergestalten schlurfen durch die Phalanx der Zapfsäulen dem Verkaufsraum entgegen. Flüchtige Griffe ins Gemächte, um die Schwanzlage dem ungewohnten Beinkleid aus schlabbriger Ballonseide anzupassen. Ein krachender Furz scheppert unters Hallendach der Tankanlage, bevor sein Verlautbarungsorgan den Aral-Store betritt. Schwenk nach links zu den Gazetten mit dem Weiberfleisch. Erneuter Griff ins Gelege, nochmalige Überprüfung der korrekten Planlage, weiter zum Kühlregal: zwei Dosen Jim-Beam-Cola, 'ne Flasche Schaumwein für Inge, Red-Bull-Joghurt für die Kinder. An der Kasse stehen zwanzig Leute, keiner hat getankt, alle wollen Brötchen kaufen. Scheiße! Heimlich wird hinterm Hundefutterregal die erste Dose Jim Beam gezischt, das leere Blechkleid zwischen dem Köterfraß deponiert. Endlich läßt das Zittern nach. Im Magen bildet sich unterdessen das Anhydrid der Kohlensäure, strebt dem Ausgang entgegen, versetzt dabei das Gaumensegel in Schwingungen und detoniert mit lautem Getöse im Luftraum über den Regalen. Langsam sinkt eine Aerosolwolke aus zerstäubter Cola und verwesten Erdnußflocken vom Vorabend herab und bildet einen glitschigen Film auf den Chappypackungen. Scheiße, immer noch zwölf Leute an der Kasse. Zurück zum Tittenregal? Ach, Scheiß-Titten. Zwei Käsesticks mit Tabasco-Geschmack, 'ne Minisalami und dazu 'ne eingeschweißte Bulette sind verschwunden. Selber

schuld, wenn die nich mehr Leute einstellen. Die letzte John Players Medium findet ihren Platz zwischen den aufgesprungenen Lippen, das gute alte Zippo verrichtet seine Arbeit. »Halt, hier dürfen Sie aber nicht rauchen!«
»Fresse!« denkt der Mann mit den Kraterlippen, drückt aber dennoch die kaum angerauchte Players in den Bulettenresten aus und wirft beides zusammen ins Kühlregal. Nur noch drei Leute an der Kasse, einmal zweimal Mehrkorn und ein Jogger-Baguette, danach fünfmal normal und zwei Käsestangen, und schließlich zehn Sesam und ein Nutella-Croissant. Kurz nachdem sein saurer Atem die Kassiererin erreicht hat, ist auch der Mann an der Kasse angekommen, stellt Sekt und Red-Bull-Joghurt auf die Theke, greift noch mal sicherheitshalber in den Schritt und gibt seine Bestellung auf: Vier Packungen Players, sechs Kleine Feiglinge, die Bild, die Sport-Bild, die Auto-Bild, die Bild der Frau, die Bild und Hund, und was kostet die Plüschratte da, die immer piept, wenn man vorbeilatscht? Macht zusammen 85 Mark 40. Der Mann zahlt und geht nach draußen. Scheiße, die Brötchen vergessen! »Egal, geh' ich eben nich nach Hause, wart' ich, bis die Kumpels kommen zum Frühschoppen!« Sprach's und drehte den ersten Kleinen Feigling auf.
Sonntag morgens in Deutschland.

Vor kurzem hatte Eckert S. sein Äußeres total verändert. Mit 40 konnte man einfach nicht mehr herumlaufen wie jeder x-beliebige Baumarktkunde.

EINKAUFSFUN FÜR JEDERMANN
Supermarkt

Fragte mich ein netter Außerirdischer, was es eigentlich heißt, zu dieser Zeit in diesem Land zu leben, ich würde ihn ohne zu zögern in einen Supermarkt führen. Auf engstem Raum ist hier das ganze Elend vereint. Den modernen Zweckbau aus Betonfertigteilen hat irgendein Filialist in die Mitte eines Parkplatzes geschissen, auf dem es immer regnet. Dem feuerverzinkten Drahtkorb mit Kullern unten dran ist das natürlich egal. Damit betritt man nun eine gleißende Lagerhalle, in der sich jeder Gerichtsmediziner auf Anhieb zu Hause fühlte. Aus der Decke drischt unterdessen schon ein sogenanntes »Einkaufsradio« auf unsere Nerven ein. Alle Waren sind bis zur Unkenntlichkeit verpackt, um deren Banalität zu verschleiern. Zwanzig Regalmeter Frühstücks-Cerealien sähen nämlich sonst aus wie der normale Haufen Hühnerfutter, der sie eigentlich auch sind. An den Käse- und Wursttheken wird abgepackter Industriefraß ausgepackt, nackend in die Auslagen gelegt, um dann für den Kunden individuell portioniert erneut verpackt zu werden: eine gigantische Arbeitsbeschaffungsmaßnahme für dicke Frauen ab Zwanzig. Trotz überbordender Fülle der Warenwelt sehen alle Menschen im Supermarkt traurig aus. Mütter brüllen ihr Kleinvieh zur Raison, und Rentner schlurfen zum Katzenfutter-Regal. Gemessen an dessen Ausmaß und Produktvielfalt müßte die Hälfte der Bevölkerung schon auf Sohlengängers Lieblingshäppchen umgesattelt haben. Das Entertainment-Highlight eines jeden Aufenthalts in der aseptischen Warenhalle sind die Probierstände. Da kann man schon am frühen Morgen einen neuen Apfelkorn auf seinen Dröhnkoeffizienten testen oder einen okkulten rosa Brotaufstrich oral einführen. Der normale Kunde hat für derlei Späßchen keine Zeit, er schüttet sich scheinbar wahllos den Drahtkorb voll, um der Hölle schnellstmöglich zu entfliehen. Doch vor dem Ausgang muß noch die Marie gezückt werden. Dreißig blinkende und piepende Terminals bilden die breite Front der Startboxen in die Freiheit. Drei davon sind besetzt, davor stehen jeweils zwanzig Drahtkorbschieber. Die Bezahlphase des Supermarktbesuches gliedert sich in zwei Teile: einer dumpfen Warterei, nur unterbrochen durch die Schmerzen in der Ferse vom Wagen des Hintermannes, und einer atemlosen Hektik beim Bezahlen und Verpacken der Beute. Gnadenlos schiebt das Förderband die Tüten und Schachteln nach vorne, während die Kassenmaid auch schon den Betrag nach hinten keift. Halb zusammengepackt, nestelt man nach dem passenden Geldschein, da klimpert schon das Wechselgeld aus irgendeinem Loch. Und noch ehe man den Rest der Ware zusammengerafft hat, drängelt schon der Krempel des nächsten nach vorne. Wenn mich der nette Außerirdische am Schluß unseres Besuches dann fragt, warum ein reiches Land freiwillig und unnötig so eine Scheiße zuläßt, dann kann ich ihm nur sagen: Dies ist eben das Land der Bekloppten und Bescheuerten.

Durch die erfolgreiche Ansiedlung kleiner Fachgeschäfte bleibt die Wunstorfer City auch für auswärtige Kunden attraktiv.

ALTGERMANISCHES ATZUNGSRITUAL
Tische zusammenschieben

Die Hölle auf Erden für den deutschen Menschen ist das Sitzen an Einzeltischen in Restaurants. Kaum betritt eine Gruppe größer/gleich fünf Personen eine Gaststätte, ertönt von irgendwo ein Ruf wie Donnerhall: »Komm, laßt uns doch die Tische zusammenschieben!« Und schon beginnt ein putzmunteres Treiben, das die beschauliche Speisewirtschaft in einen Küchenblock der Wehrmacht verwandelt. Worin gründet nun aber die Einzeltischphobie des Bescheuerten? Sitzen weniger als fünf Personen zusammen, so könnte ja so was ähnliches wie eine gepflegte Unterhaltung oder gar ein Gespräch zustande kommen. Hilfe, nur das nicht! Lieber mit zwanzig Behämmerten an langen Tischen hocken und quer durch die Gegend schreien. Vorteil Nummer eins: Das Niveau der Gesprächsinhalte sinkt rapide, außer öligen Witzen und deftigen Parolen kann sich nichts mehr in der Menge behaupten. Vorteil zwei: Die Anwesenheit der gröhlenden Horde bleibt den anderen Gästen nicht verborgen. Und dies ist letztlich das unausgesprochene Vorbild aller Tischezusammenrücker: Ein Dutzend deutscher Soldaten besucht ein Bistro im besetzten Paris. Genauso soll's heute auch wieder sein, wenn die Wandergruppe zur Atzung beim Griechen einrückt. »Alle mal herhören, du, du und du, ihr schiebt erst mal die Tische zusammen!« Verängstigt kauert der Südeuropäer hinterm Tresen und muß mit ansehen, wie der Furor teutonicus seine Schmurgelbude verwüstet. Eh schon amputierten Gipsnackedeis platzt auch noch die Rübe weg beim Möbelrücken, scharfkantige Umleimer vom Gastrogestühl reißen grindige Scharten in die Wandbespannung. So, fertig! Wandergruppe Sturmvogel ist ordnungsgemäß plaziert. Wo sich sonst vier Kellner parallel um das Wohl ihrer Gäste kümmern könnten, muß nun ein verschreckter Hellene zwischen Scylla und Charybdis navigieren. Spannend wird's noch mal, wenn er nach ca. zwei Stunden wieder auftaucht mit dem Hilferuf: »Wer war die fumpfzehn?« Niemand in der Zotenreißer-Horde kann sich natürlich noch an die Ordnungsnummer seiner Bestellung erinnern. Selbst die angebotene Übersetzung »Bifteki mit Gyros und Schweineschnitzel überbacken« kann so recht niemanden überzeugen. »Ich hatte die achtzehn«, weiß zumindest ein Gedächtniskünstler am anderen Ende des Tisches. Schließlich erlöst ein klärendes Wort des Gruppenführers den Kellner von der Last der sieben Ouzoplatten auf seinem Unterarm: »Stell einfach irgendwo hin, Dimitri!« So haut denn jedes Hordenmitglied willkürlich einen Haufen Schweineleiche in sich rein – bis auf den Herrn mit Nummer achtzehn, die war wohl nicht dabei. Alles klar, alle satt? Noch 'n seifigen Schnaps, und fertigmachen zum Abmarsch. Nachdem zwanzig Leute anderthalb Stunden ihre Rechnung zahlen, weil der Grieche zum Wechseln immer wieder in der Kombüse verschwindet, ist's Zeit zum Ausrücken. Zurück bleiben Krautsalat und Kippen, eine zerbombte Gastrolandschaft und ein übelriechender See unterm Stuhl ganz hinten rechts. Der Herr mit Nummer achtzehn kam nicht raus aus seiner Ecke und hat eiskalt untern zusammengerückten Tisch geschifft.

»Deutsches Haus« sollte die neue Gaststätte von Eckhard N. aus W. heißen, doch der polnische Buchstabenmaler verhaute sich in der Grammatik. Es lag kein Segen auf der Schänke.

MENSCHEN, OHNE DIE'S AUCH GINGE
Türaufreißer

Am Anfang war das Loch. Weil aber immer wieder der Bär reinkam und die Oma poppte, erfand der Mensch die Tür. An sich eine tolle Sache: Man muß nicht extra die Wand einschlagen, wenn man raus will, nur die Oma muß abends allein ins Bett. Nicht gerechnet hatten die Türerfinder allerdings mit den Bekloppten und Bescheuerten, denn die hatten zwar kapiert, wie man eine Tür öffnet, aber nicht, wie man sie wieder schließt. Über Hunderte von Jahren hat sich die Spezies der Türaufreißer bei uns gehalten, sie rennen aus dem Haus, und der Blizzard steht im Flur, sie verlassen das eingefriedete Grundstück, und der Minderjährige steckt im LKW-Profil. Die Türaufreißer leiden an einer besonderen asozialen Macke, sie weigern sich, den Status quo wiederherzustellen. Denn was gäbe es für einen Grund, eine vorher geschlossene Tür nach dem Durchschreiten nicht wieder zu verriegeln? Halten sich diese Schlaumeier für die Befreier der Pforte vom Geschlossensein? Wie viele entlaufene Strafgefangene, wieviel gebrochene Deiche gehen auf ihr Konto? »Hoppala, vergessen, die Tür zuzumachen«, war der letzte Satz des U-Boot-Matrosen beim Eintauchen. Da die normalen Menschen irgendwann müde wurden, hinter den Türaufreißern das Loch zu schließen, erfanden sie den hydraulischen Türschließer: Mit stetiger Gewalt drückt der stählerne Kollege das Brett in die Zarge. An sich auch eine dolle Sache. Es ist immer leichter, einen charakterlichen Mißstand des Mitmenschen technisch zu überwinden, als mit ihm drüber zu reden – ieh pfui bah! Doch warum eigentlich müssen 100 % aller Leute den ätzenden Widerstand einer Türhydraulik überwinden, nur weil 20 % zu dämlich sind, sie wieder ordnungsgemäß zu schließen. Warum muß die schlaue Mehrheit vor der bekloppten Minderheit wieder mal kuschen? Wäre es da nicht angenehmer, schon im Vorschulalter die notorischen Türaufreißer auszusieben und in Paukkursen mit der umgekehrten Tätigkeit vertraut zu machen? Ja, und wer bis zum 14. Lebensjahr immer noch nicht begriffen hat, wie's geht, für den schließt sich hinter ihm die Tür für immer. Und wir da draußen könnten endlich die ätzenden Schließmuskeln von den Türen schrauben und diese einfachen, aber großartigen Erfindungen wieder so bedienen, wie es einem kultivierten Menschen zusteht.

Die zehn bekloppstesten Sprüche nach dem Sex

1. Ich werd' immer besser, und was ist mit dir!
2. Ich hoffe, für dich war es genauso schön wie für mich!
3. Bist du gekommen?
4. Nimmst du eigentlich die Pille?
5. Heute hat es Spaß gemacht.
6. Wie war ich?
7. Jetz muß ich aber wirklich los, Schatz.
8. Eigentlich hab' ich's nur gemacht, weil du es wolltest, das weißt du hoffentlich.
9. Kann ja mal passieren, war im Grunde genauso schön!
10. Von welcher deiner Exen kanntest du das denn?

KRANKHAFTER KREATIVSCHUB
Video mit Anspruch

Es gibt Zeiten, da ist man selber nicht depressiv genug, und man lädt sich Freunde ein, um noch mieser drauf zu kommen. Standardmäßig abgefüttert mit rotem Wein und Schimmelkäse, driftet der Abend in die gewohnte Jammerei über die Unbilden des Schicksals: Der Rasenmäher ist schon wieder kaputt, Gott ist tot, und der Pinogridscho bei Toni schmeckt wie Katzenpisse. Ja, potzblitz, was für eine Scheiß-Welt. So könnte man sich noch stundenlang in der Depri-Sasse wohlig suhlen, hätte nicht Freund Holger eine Video-Attacke vorbereitet. »Wir waren doch in diesem Jahr sechs Wochen auf Fuerte«, beginnt noch recht harmlos die Eröffnung des Schreckens. Holger und Gabi machen nur auf Abkürzungsinseln Urlaub: Fuerte, Lanza oder Malle. Holger surft, Gaby töpfert und krickelt behämmerte Muster auf Seidenschlipse. Doch es eint sie das Steckenpferd des Videographierens – das ist Kameradraufhalten mit Anspruch. Und just aus diesem Schreckenskabinett haben sie ihr jüngst fertiggestelltes Kunstwerk mitgebracht. Au weia! Holger schiebt den schwarzen Hamstersarg in den Player, und drei Stunden kanarische Sandgrube verstauben den Bildschirm. Bei Heimvideo denken wir normalerweise an die lustigen Filmchen aus »Pleiten, Pech und Pannen«, wo der Pudel beim Kacken vom LKW überrollt wird oder der Dreijährige aus Versehen mit Omas Doppelläufiger die Mama aus dem Verkehr zieht. Ja, hoppsassa, das ist natürlich sehr lustig. Wenn jedoch der Anspruchsfilmer sein Objektiv auf die Welt richtet, dann is Sense mit Doku-Action aus der Kleinfamilie. »Das langsame Verrinnen der Zeit« nennt Holger seinen dreistündigen Fuerte-Schinken, bei dem ich schon nach zehn Minuten jedes Sandkorn mit Vornamen kenne. Der Videofilm an sich verhält sich ja zum Diavortrag wie der Atomkrieg zum konventionellen Scharmützel. Alles is genauso, nur noch viel schlimmer. Am allerschlimmsten ist, daß der preisbewußte Vidiot jeden Zentimeter seiner Cassette mit selbstgebasteltem Geflimmer füllen muß. Somit ist der Dreistünder zur Standardlänge der privaten Sicht der Dinge geworden. Neben dem ereignislosen Abschwenken zugesonnter Prospektlandschaften finden noch zwei weitere Megathemen statt im Bandarchiv: Aufzucht der Brut und Konstruktion des Eigenheims. Zwei Leitmotive kommen in allen Filmchen dieser Gattung vor: Beim ersteren lallt ein Windelschänder im Garten aus einem Plastebassin und bewirft Papa mit Dreck. In der Eigenheim-Doku stehen wampige Heimwerker vor Mischmaschinen und fuchteln mit Bierflaschen herum. Leider hat sich noch keine Filmhochschule der Bildsprache des Heimvideos wissenschaftlich angenommen. Die dritte Gattung aber, das Video mit Anspruch, reißt einen wirklich vom Hocker: 180 Minuten karge Landschaft mit selbstvertontem Ethno-Gelulle. Und das alles ohne eine erlösende Werbeunterbrechung. Als Holger und Gabi um zwei Uhr nachts endlich ihre Cassetten wieder einpacken, ist es ein Satz, der mich voller Schrecken aus dem Medienkoma reißt: »War doch schön, können wir mal wieder machen.«

Ihre Vorfahren massakrierten vor 1 991 Jahren keine dreihundert Meter von hier 20 000 Römer. Wenn man genau hinschaut ... etwas von dem Feuer steckt noch heute in diesem verwegenen Menschenschlag.

WENIG GELD ALLEIN MACHT NICHT GLÜCKLICH
Wozu 'ne Million?

Ein Millionär zu sein ist noch immer die Paradiesvorstellung der Bekloppten und Bescheuerten. Haben die sich eigentlich schon mal gefragt, was sie mit den paar Mücken überhaupt anfangen können. Okay, noch mehr Chips kaufen und sogenannte Traumautos vor die Reihenbude stellen. Dann ist aber auch schon Ende im Gelände. Beim Reichsein gibt es eine gewisse Durststrecke zwischen, sagen wir mal, einer Million und einer Milliarde. Mit einer Million kannst du vor Deinen Nachbarn angeben, mit einer Milliarde kannst du Deinem Nachbarn sagen, er soll sich verpissen, und eine Stunde später läßt du seine häßliche Hütte abreißen. Nur der wirkliche Reichtum eröffnet einen gewissen Gestaltungsspielraum rund ums Haus. Du kannst Politiker bestechen, Tausende arbeitslos machen und soviel für Tierheime spenden, daß sich die Sozialhilfeempfänger als Katze verkleiden. Mit einer schlappen Million bist du immer noch die gleiche doofe Torfnase wie vorher, nur fetter und fauler. Du kannst dir nicht mal die Scheidung von dem Teileträger an deiner Seite leisten. Damit hast du weniger als das ärmste Schwein. Mit einer Million mußt du rechnen, kalkulieren, damit du viel Zinsen bekommst und wenig Steuern bezahlst. Das heißt, du mußt das gleiche verabscheuungswürdige Kriecherdasein führen wie wir alle. Du bist zu arm zum Prassen. Reich sein heißt nicht, sich einen Ferrari zu kaufen, sondern ihn zu verbrennen. Reich sein heißt nicht, mit einem Ferrari durch die City zu orgeln, sondern sich für die Spritztour mit dem Opel Astra die Straßen sperren zu lassen. Man ahnt, wie weit man mit einer Million, auch mit zwei oder drei, davon entfernt ist. Das Millionärsdasein ist lediglich die Verlängerung des irdischen Jammertals in die Fettlebe. Seitdem aber schon der Kaputte vorm Pupsi-Markt den Shrimp vertilgt und Champagner schlürft, braucht es immer mehr Phantasie, um sich über den Konsum noch von der Masse abzusondern. Und selbst wenn man gegrillte Delphin-Rosetten knabbert, irgendwann hat auch sie der Norweger in seinen Mastfjorden für eine schmale Mark produziert. Und schwuppdiwupp nagt der Proll am noblen Flipperarsch. Was dann? Eine Rolex shoppen mit Klunkern drauf? Einen Porsche? Sandaletten aus Eidechsenleder? Alles Scheiße!! Als Millionär bist du der Arsch unter den Reichen, das Fußvolk. Warum sich also anstrengen oder warum an idiotischen Glücksspielen teilnehmen, um einer von diesen Doofen zu werden? Ich weiß es nicht! Solange ich nicht mindestens soviel Geld habe, um z. B. der Telekom ihre lila Klohäuschen zwecks Verschrottung abzukaufen, solange reicht doch der normale Facharbeiterlohn.

Die zehn beliebtesten Stellungen in der Ehe

1. Beide unten
2. Jeder für sich
3. Er stehend, sie im Nebenraum
4. Er tot, sie Witwe
5. Sie über den Küchentisch gebeugt, er über die Geliebte
6. Er von hinten, sie von dannen
7. Beide besoffen
8. Er kommt, sie geht.
9. Sie steht, er nicht.
10. Er Beamter, sie Hausfrau

Besserverdiener Oliver K. hatte 1996 eine Million Mark in eine »ReihenhausResidenz« im Speckgürtel von Berlin investiert. Vier Jahre später schaute er nach, was aus seinem Geld geworden war. Oliver K. zeigte sich ein bißchen enttäuscht.

BIN ICH WIRKLICH BEKLOPPT UND BESCHEUERT?

Dreizehn indiskrete Fragen zu Ihren Lebensgewohnheiten.

1 Sie schlagen die Tageszeitung auf und schauen zuerst nach …

a. … der Baumarktbeilage mit den Sonderangeboten für Nasenkantenscheren und hautfarbenes Betonverbundpflaster. ▶ B

b. … der Seite »Vermischtes« oder »Aus aller Welt« und wollen wissen, welcher Promi wen poppt und warum oder warum nicht mehr. ▶ N

c. … welches Datum heute ist und wie das Wetter morgen wird. ▶ R

d. … ob Ihre Glückwunschanzeige drinsteht: »Kaum zu glauben, aber wahr, mein Pupsibärchen wird heut 30 Jahr'.« ▶ T

2 Sie planen Ihren Sommerurlaub und entscheiden sich …

a. … für drei Wochen DommRäpp, weil man sich dort für 'ne schmale Mark den Arsch grillen kann und Saufen und Fressen inklusive ist. ▶ TB

b. … vier Wochen lang die eigene Garage mit gelben Riemchen-Klinkern zuzumauern. ▶ NT

c. … für zwei Wochen Camping am Leinerückhaltebecken Salzderhelden in Südniedersachsen, weil Sie den Aufkleber noch brauchen für Ihr Wohnmobil. ▶ TT

d. … für ein Ferienlager für die Kinder, eine Entziehungskur für den Gatten und für sich selber Sechs-Wochen-faul-in-der-Sonne-liegen. ▶ RR

3 Sex ist für Sie nur schön …

a. … wenn es andere machen. ▶ T

b. … wenn der Termin vorher abgesprochen wird und sonst nichts Besonderes anliegt. ▶ T

c. … wenn dabei alles picobello sauber ist. ▶ TT

d. … wenn »… Wetten dass« vorbei ist und zwischen Orgasmus und Lethal Weapon III noch mindestens 15 Minuten Zeit zum Duschen verbleibt. ▶ NR

4 Mein nächstes Auto wird …

a. … ein Smart, weil es irgendwie vernünftig ist, einen Wagen zu fahren, der so scheiße aussieht, als ob er ein vernünftiges Auto wäre. ▶ NR

b. … ein dunkelbrauner Hyundai Pony. ▶ B

c. … ein Ford Focus, weil ich Innenraumdesignern,

die vorher in der Irrenanstalt gesessen haben,
eine Chance geben will. ▶ RB

d. … ein Rolls-Royce, weil ich den großen Kofferraum
brauche für meine Zement-Einkäufe im Baumarkt. ▶ R

5 Von einem perfekten Partner erwarte ich …

a. … daß er auch gerne in den Swingerclub geht. ▶ RN

b. … daß er in der Beziehung mit mir wächst,
besonders im Bereich Hüfte und Steiß. ▶ T

c. … daß er mich mag, auch wenn ich mich selber
für das letzte Arschloch halte. ▶ B

d. … daß er weiß, wann er zu gehen hat. ▶ R

6 Meine Freizeit verbringe ich am liebsten …

a. … mit der Lektüre der genialen Bücher von
Dietmar Wischmeyer. ▶ R

b. … mit der AutoBild auf der Toilette. ▶ TB

c. … mit meinen Kumpels am Kiosk. ▶ N

d. … in der Holzzuschnittabteilung des Baumarktes. ▶ B

7 Ein gelungenes Wochenende bedeutet für mich …

a. … Schautag im Möbelparadies: Bratwurst eine Mark, Pils 50 Pfennig. ▶ T

b. … Mein Partner ist zur Beobachtung im Landeskrankenhaus, und in der Kühltruhe liegen 20 Pizzen mit Gyros-Geschmack. ▶ R

c. … Freitags: Star Wars, alle Teile hintereinander. Sonnabends: DFB-Pokal-Enspiel. Sonntags: Tatort. Und als Sahnehäubchen: Kein Sex. ▶ N

d. … mit der gesamten Familie drei Tage im Freizeitpark. ▶ B

8 Auf meinem Grabstein wird mal stehen …

a. … Hier ruht der geliebte Ehemann, Vater und Mäusemelker, blablabla. ▶ T

b. … Verpiß Dich, und nimm die Scheißblumen wieder mit. ▶ R

c. … Kaum zu glauben, aber wahr, … is nich mehr da. ▶ N

d. … Da: 16. 3. 1952 Wieder weg: 4. 5. 2003 ▶ B

9 Unangekündigt stehen plötzlich Freunde vor der Haustür. Ich …

a. … renne ins Badezimmer, nehme einen gehörigen Hieb aus der Zahnpastatube, eile mit Schaum vor dem Mund an die Tür und behaupte, die Wohnung stehe unter Tollwut-Quarantäne. ▶ RN

b. … bitte sie herein und ihre Jacken abzulegen. Während sie im Wohnzimmer verschwinden, durchsuch' ich die Jackentaschen und kopiere die EC-Karten. ▶ B

c. … gucke nach, ob noch irgendwo billige Erdnuß-flocken herumfliegen und räume diskret die teuren Alkoholika zur Seite. Ansonsten stelle ich mich dem Unvermeidbaren. ▶ N

d. … freue mich wie ein Schneekönig und binde sie sofort in kleinere Handreichungen ein: Tapeten abkratzen, Katzenpisse aus der Schlingenware heraus-schrubben, den Kindern Doofi-Bücher vorlesen. ▶ TB

10 Ich werde mit meinem/r Partner/in für ein Jahr auf eine winzige Südseeinsel verbannt, für Essen und Trinken ist gesorgt, drei Dinge darf ich zusätzlich mitnehmen. Ich nehme mit: …

a. … eine Europalette Kondome, einen 25-Liter-Eimer Gleitcreme und ein Doppelpack Handschellen. ▶ R

b. … drei Sichtschutzelemente. ▶ N

c. … einen Hammer, ein Seil und einen Pflock. ▶ NB

d. … eine Schubkarre, eine Schaufel und einen Sack Zement. ▶ T

11 An einem guten Essen schätze ich besonders, daß …

a. … irgendwo Gyros drin vorkommt. ▶ N
b. … es ein anderer bezahlt oder umsonst ist. ▶ RN
c. … man sich dabei ordentlich zusauen kann. ▶ B
d. … der Jägermeister nich sofort anschlägt. ▶ T

12 Wenn ich sechs Richtige im Lotto gewinne, dann …

a. … verlasse ich sofort das fette Schwein in meiner Wohnung. ▶ RN
b. … kauf' ich mir endlich alle Anbauteile für meinen Dremel. ▶ T
c. … gönn' ich mir den Golf mit 150 PS. ▶ B
d. … leiste ich eine Sondereinzahlung in die Rentenkasse, damit ich später mal hundert Mark mehr kriege im Monat. ▶ TT

13 Ein Traum geht für mich in Erfüllung, wenn …

a. … ich mit ein paar Kumpels zu einer Besichtigung der Jägermeister-Fabrik eingeladen werde. ▶ N

b. … mein Partner an unheilbarer Stimmbänderfäule erkrankt. ▶ R

c. … ich mit einer Harley auf der Route 66 nach Westen fahre. ▶ B

d. … an den rund um die Uhr geöffneten Tankstellen auch Zement verkauft wird. ▶ RN

Notieren Sie die Buchstaben hinter den angekreuzten Fragen. Die Auflösung finden Sie auf der nächsten Seite.

AUFLÖSUNG:
WIE BEKLOPPT UND BESCHEUERT BIN ICH WIRKLICH?

So funktioniert´s: Sie zählen die Buchstaben hinter den Antworten zusammen, und wovon Sie am meisten haben, so bekloppt sind Sie.

▶ Vorwiegend Buchstabe R
   Relativ bekloppt
Sie nehmen den Medien gerade mal das aktuelle Datum ab, haben eine gesunde Einstellung zu Kindern und Partner (Nervenärsche!) und stehen dem Sex aufgeschlossen gegenüber, sofern er ins Fernsehprogramm paßt. Bei Autos haben Sie es aufgegeben, an das Gute in Stuttgart oder Köln zu glauben, kaufen sie aber trotzdem. Sie leben in einer Beziehung zu einem Partner, den Sie irgendwie aushalten, aber auch nicht vermissen würden. Ihrem Abschied von dieser Welt sehen Sie mit Humor entgegen; seien Sie sicher: Alle andern freuen sich noch mehr. Humor beweisen Sie auch, wenn andere Menschen Ihre Nähe suchen. Durch viel Witz signalisieren Sie ihnen, daß sie sich gefälligst verpissen sollen. Obwohl Sie in einem bis zum Erbrechen normalen Leben dahinvegetieren, haben Sie Ihre Träume von wildem Sex in Ketten an fernen Gestaden nicht verloren. Aber genausowenig wie Sie jemals in ihrem Leben das kennenlernen, was andere Leute als Sex bezeichnen, genausowenig sind Ihnen andere sinnliche Freuden geläufig. Sie haben keinen Spaß am Essen, sondern halten lediglich Ihren qualligen Körper am Leben. Da wundert´s einen nicht, daß für Sie das höchste Glück auf Erden nichts Positives darstellt, sondern es schon reicht, wenn der Partner für immer die Biege macht, um Sie langweiliges F-Gesicht zufriedenzustellen.

▶ Vorwiegend Buchstabe N
   Normal bescheuert
Sie sind ein primitives Stück Mensch, interessieren sich nur für Schwachsinn, halten das Hantieren mit Baumarkt-Gerümpel für kreativ und sind sexuell

verklemmt wie ein Dildo mit Motorschaden. Das arme Schwein, das mit Ihnen Ihr erbarmungswürdiges Leben teilt, muß entweder auch 'ne Riesenschramme haben oder aus der Pflegeversicherung bezahlt werden. Das einzig Positive an Ihnen ist, daß Sie gern allein sind und andere nicht mit ihrer besserwisserischen Gegenwart belästigen. Wenn die Welt aus Fußball und Fertigpizza bestünde, würden Sie nichts vermissen. Mal Hand aufs Herz: Sie furzen in Gegenwart Ihres Partners in der Wohnung herum? Hab' ich's doch geahnt. Pfui Deibel. Geizig sind Sie auch noch: Wenn Sie zu einer Einladung eine Ihrer billigen Fuselpullen anschleppen, nehmen Sie heimlich einen teuren Whisky wieder mit nach Hause. Wollen Sie mal richtig einen draufmachen, dann gehen Sie zum Griechen (kotz, würg!), weil's da soviel angekokeltes Schweinefleisch gibt und immer einen Ouzo hinterher (noch mehr kotz und würg). Wie Sie aussehen und rumlaufen, mag ich mir gar nicht erst vorstellen.

▶ Vorwiegend Buchstabe B
Bekloppt und bescheuert

Huijuijui, Sie sind einer der härtesten: Nach außen hin vor Normalität strotzend, haben Sie in Ihrem Inneren die Welt des Wahnsinns mit der Muttermilch aufgesogen. Ihr Lebensmotto lautet: Dem Neuen durchaus aufgeschlossen. Hauptsache, es ist noch scheißiger als das Bisherige. Deshalb fahren Sie Ford Focus, verbringen Ihren Urlaub in der peinlichen DommRäpp und sind beleidigt, wenn Ihr Partner Sie verläßt, obwohl Sie's selber bei Ihnen tun würden. Das wirklich Schlimme an Ihnen ist, daß Sie's eigentlich besser wissen, aber vor lauter Schiß die ganze mittelmäßige Lebensbewältigung durchziehen. Wenn Sie dereinst auf dem Sterbelager röcheln, sind Sie im Grunde froh, daß der ganze Streß vorbei ist. Leben war für Sie eine einzige Bürde, Spaß hatten Sie nur in unbeobachteten Augenblicken des Über-die-Stränge-Schlagens: eine Geschwindigkeitsüberschreitung hier, eine in die Natur entsorgte Coladose da - seltene Augenblicke des anarchischen Glücks. Und doch sind Sie der geborene Staatsbürger: eine kleine, miese Ratte, die niemandem die Lätta auf dem Knäcke gönnt. Einmal im Leben haben Sie sich einen Pornofilm ausgeliehen, nicht um sich daran aufzugeilen, sondern um zu gucken, wie's geht. Seitdem ziehen Sie diese Nummer durch, träumen aber von devoten Minderjährigen, die's Ihnen besorgen. Wenn Sie Hetero sind, sind Sie ein verkappter Homosexueller, sind Sie schwul oder lesbisch, sind Sie ein verkappter Hetero.

▶ Vorwiegend Buchstabe T
Total bekloppt und bescheuert
Sie sind der Gipfel. Instinktsicher steuern Sie in jedem Lebensbereich die geschmackloseste und ekelhafteste Ausformung an. Sie sind das, was einen ständig an der Demokratie als beste aller Gesellschaftsformen zweifeln läßt: faul, gefräßig und in der Mehrheit. Und was einen vor Neid erblassen läßt: Sie sind so total behämmert, daß Ihnen komplett die Phantasie fehlt, eine anständige psychische Krankheit auszubilden, nicht mal zu einer Depression reicht es. Sie fühlen sich wohl in Ihrem zugemüllten Furzleben. Jede halbwegs sensible Topfpflanze würde verwelken unter diesen Umständen, nicht aber Sie. Im Vergleich zu Ihren Sexpraktiken beherrscht der Karnickelbock das Kamasutra, was Sie für lecker halten, geht bei Hyänen nicht mal als Kotze durch, an Ihnen gemessen ist ein Toastbrot ein Intellektueller. Und das Widerwärtigste ist: Sie sind glücklich dabei. Ihr schmieriges Leben macht Ihnen Spaß, Sie glauben den ganzen Piß, der Ihnen erzählt wird. Wenn im Baumarktprospekt steht, daß man mit der Bohrmaschine nach Öl bohren kann, dann halten Sie die Black und Decker in die Rabatten rein. Der Partner an Ihrer Seite ist ein entsprechend total beknackter Volltrottel. Und da liegt der Trost: In den wenigen hellen Augenblicken Ihres Topfpflanzendaseins merken Sie an ihm, was Ihnen an sich selbst verborgen bleibt: daß Sie in der Partnerwahl voll in die Scheiße gegriffen haben. Und so gibt es doch noch eine ausgleichende Gerechtigkeit auf der Welt.

▶ Vorwiegend nix angekreuzt
Nicht mehr zu retten
Nehmen Sie sich sofort einen Strick, Tabletten oder springen Sie vor den Zug. Sie gehören zu der verschwindend geringen Restpopulation von Menschen, die nicht sofort in Verzückung geraten, wenn Sie so etwas ähnliches wie einen Fragebogen sehen. Ankreuzen ist für Sie noch nicht zur Manie geworden. Sie glauben immer noch an Ihren freien Willen. Bloß weil etwas im Fernsehen gesendet wird, denken Sie, muß man es noch lange nich gucken. Armer Irrer! In der Welt der Bekloppten und Bescheuerten ist für Sie kein Platz mehr. Wenn auf RTL 2 eine Stunde lang ein haariger, kackender Männerarsch gezeigt wird, ist das Kult und sonst gar nix. Wenn man in einem Buch plötzlich einen Fragebogen ausfüllen soll, der unter dem Niveau einer Frauenzeitschrift liegt, dann macht man das gefälligst und sensibelt da nich rum. Für Gehorsamsverweigerer ist hier kein Platz. Denn wer heute keinen Test ausfüllt, kauft schon morgen vielleicht kein Buch mehr. Und das ginge doch entschieden zu weit. Weggetreten, Gesindel!

Wischmeyer

DOPPEL-CD: Das Paradies der Bekloppten und Bescheuerten
Livemitschnitt des Tourneeprogrammes 2000/2001. Gäste: Willi Deutschmann und Mike. Als Nachbereitung für die Dagewesenen und Fernkurs für die Stubenhocker.
Best.-Nr. 481150...15,50 €

DOPPEL-CD: Die Bekloppten und Bescheuerten – Eine Lesung aus dem deutschen Alltag
Mitschnitt des Tourneeprogrammes 2003. Mit dabei: Willi Deutschmann, Der Kleine Tierfreund, Günther der Treckerfahrer u.a.
Best.-Nr. 481154...17,50 €

Dietmar Wischmeyers Logbuch
Livemitschnitt der großartigen Logbuch-Lesungen im Herbst 1997 mit zusätzlich je einer Mike- und Willi Deutschmann-Geschichte.
Best.-Nr. 481143...15,50 €

Der Kleine Tierfreund
Ein faszinierendes Hörbild aus dem geheimnisvollen Afrika, auf Ohrsafari durch den schwarzen Kontinent mit „Massa Mokick" und seiner Kreidler Florett
Best.-Nr. 481145...15,50 €

auf Tonträger
AUSWAHL

Verchromte Eier 2

Hier nun endlich der zweite Teil der Auseinandersetzung mit dem Phänomen des Motorradfahrens als Witz. Hier wird keiner verschont, der schon mal das kalte Eisen einer motorisierten Eierfeile zwischen seinen Beinen spürte.

Best.-Nr. 481152...15,50 €

DOPPEL-CD: Arschkrampen – is mir schlecht – The Drecks Generation

Live aus Berlin: Die neuesten Absonderungen des legendären Comedy-Duos **Die Arschkrampen**. Diese CDs sollten Sie vor Ihren Kindern resp. Eltern verstecken.

Best.-Nr. 481153...15,50 €

DOPPEL-CD: Frieda sei mit Euch – aber auch Anneliese

Kompletter Mitschnitt des Theaterstücks. Ein hintersinniger und komischer Dreiakter aus dem Wiehengebirge mit den beiden legendären alten Damen des Frühstyxradios.

Best.-Nr. 481155...17,50 €

Alle CDs, T-Shirts und weitere Fanartikel sowie der kostenlose Gesamtkatalog sind zu bestellen bei:

**FSR Mailorder
Postfach 51 03 43
13363 Berlin**

Telefon: **0180-531 53 11**
non-stop 24 Stunden
(Kernzeit 10.00 bis 17.00 Uhr, ansonsten Anrufbeantworter)

Fax: **0180-530 53 00**
non-stop 24 Stunden

Internet:
www.fruehstyxradio.de

Besuchen Sie uns im Internet:
www.ullstein-taschenbuch.de

Ullstein Verlag
Ullstein ist ein Verlag der Ullstein Buchverlage GmbH.
Ullstein Heyne List GmbH & Co. KG.
Originalausgabe
3. Auflage 2004
© 2004 by Ullstein Buchverlage GmbH, München
© 2000 by Econ Ullstein List Verlag
GmbH & Co. KG, München
Redaktion: Nora Köhler
Umschlagkonzept: Lohmüller Werbeagentur GmbH & Co. KG, Berlin
Umschlaggestaltung: Tandem Design, Hamburg
Titelabbildung: Andreas Münchbach
Alle Fotos im Textteil stammen aus dem Privatarchiv
von Dietmar Wischmeyer und Nora Köhler
Gesetzt aus der Frutiger
Satz, Lithos und Layout: LVD GmbH, Berlin
Druck und Bindearbeiten: Clausen & Bosse, Leck
Printed in Germany
ISBN 3-548-36219-2